スピリチュアル・グリーフケア

愛する人の死は永遠の別れではない

3人のミディアム

テリー高橋

佐野仁美

安斎妃美香

現代書林

はじめに

この本を手に取ってくださっている方は、大切な愛する人を失って、本当に悲しく、辛い思いをなさっていることでしょう。

そんな悲しみの日々の中、亡くなった方を自分の身近に感じたことはありませんか？　それは妄想ではなく、真実です。

なぜなら、故人は肉体こそ失っていますが、魂の存在として、今も生きているのですから。

私たち3人、テリー髙橋、佐野仁美、安斎妃美香は「ミディアム」というお役目を担っています。

「ミディアム」という言葉を、初めて耳にする方もいるかもしれません。ミディアムは、地上の肉体を卒業し「霊界（スピリット・ワールド）」に旅立たれた故人と、その故人に会いたいと願う地上の方をつなぐ役割を担っています。

私たちが個人セッションをさせていただく中で、大切な愛する人を失って本当に悲しく、辛い思いをなさっている方は少なくありません。

私たちはその方々に、肉体を失くしてもなお、今も変わらずその故人が魂として生き続けておられ、いま何を思っておられるのかをお伝えします。

しかし、その時は納得してくださっても、ひとたび家に帰って数日が経つと、その故人が肉体を持ってそこにいないことを辛く感じて、また悲しみに苛まれるというケースが多いのが現状です。

私たち3人のミディアムは、英国スピリチュアリスト・ナショナル・ユニオン（SNU）の傘下にあるアーサー・フィンドレイ・カレッジ（AFC）という、ミディアムやスピリチュアル・ヒーラーを育成する学校を通じて出会いました。
ＳＮＵは１９０１年にイギリスで慈善団体として設立され、スピリチュアルの世界最高峰として知られています。またＡＦＣには毎週世界各国から生徒が学びに来ています。私たちはそこでミディアムやスピリチュアル・ヒーラーとして今でも研鑽しています。

愛する人の魂は生き続けていることをセッションで証明している私たち３人は「スピリチュアル・グリーフケア・チャンネル」というYouTubeを２０２２年１月に立ち上げ、月１回のペースで定期配信を行うようになりました。
そして２０２２年12月からは、故人が今もそばにいてくださることをご自身で感じていただけるよう、年に1回、日本（関東、関西）で「スピリチュアル・グリーフケア」の２日間のワークショップも開催しております。

このワークショップでは、「３人のミディアム」が故人とつながるミディアムシップのセッションは行いません。

その代わりに、ご参加の方それぞれにご自身のグリーフというものを理解していただき、故人のいる霊界（スピリット・ワールド）についてお伝えしています。また、スピリチュアル・ヒーリングや数々の瞑想で自分を癒し、そして最後にはご自身で故人とつながり、メッセージを受け取っていただけるようにサポートさせていただきます。

このワークショップで私たちは、初日には悲しみのどん底にいらっしゃった参加者の方々が、たくさん学び、たくさん泣き、そして2日目が終わる頃には穏やかな笑顔を取り戻しておられるというケースを目の当たりにしました。

そして「スピリチュアリズム」をベースにしたグリーフケアが、真の意味で、グリーフに苦しんでいる方を癒すものであることを実感したのです。

「魂は死後も存続する」……これは私たちの属するＳＮＵの提唱する七大綱領の

第四番目です（詳細は付章を参照ください）。それを実際に実感していただきたく、この本の執筆を決めました。

この本では、「スピリチュアル・グリーフケア」ワークショップでお話しさせていただいている内容、そしてご自身でできる簡単なワークをご紹介させていただいております。

この本を手にしてくださるのは、グリーフで辛い思いをされている方、さまざまな理由でワークショップに来られない方、既存のグリーフケアとは違うアプローチを考えていらっしゃる方、グリーフケアに携わっている方、いろんな方がおられるでしょう。

この本を読み進んでいくうちに、そしてこの本の読者限定のYouTube動画で瞑想などを経験していくうちに、ご自身の中の「愛する人の死」というものがいったいどういうものであるか、そしてその向こうに何があるかを感じていただけることを願っております。

私たちの想いが、グリーフで辛い思いをされている多くの方に届き、少しでも癒され、そして明日への希望となりますよう。

２０２４年11月

テリー髙橋
佐野仁美
安斎妃美香

第1章

心の状態を知る

安斎妃美香

第2章

死は終わりではない

テリー髙橋

第3章

故人とともに生きる

佐野仁美

第4章 愛する人を亡くした人からの質問 Q&A

付章

第1章

心の状態を知る

安斎妃美香

愛する人を亡くした人は……

「なぜ、こんなにも辛いのか？」という感情の渦の中にいる時は、何を見ても何を聞いても悲しみが増すだけで、涙が出てくるものです。

その感情を心の窓の外側から客観的に眺めてみることで、少しずつその悲しみを感じることを受け入れてもいいのだと思えるようになります。

それがグリーフ（愛する人を喪失）への癒し、愛する人の死を受け入れることになっていくのです。

なぜ「愛する人の死」がこんなに辛いのでしょう。

ずっと一緒にいられると思っていた配偶者、将来が楽しみな子供、もっと親孝行したいと思っていた親、大切にしていた兄弟、恋人、友人、同僚、ペット……

「死」は愛する人を、地上にいる私たちの目の前から奪っていきます。

その死の原因は、長期の療養の末、あるいは突然の病状変化かもしれません。また、突然死、事故死、原因不明の死、自死など、さまざまでしょう。

もっと話したかった、一緒に笑いたかった、いろんなところに行きたかった、もっと同じ時間をともに過ごしたかった、そんな希望があったかもしれません。生前に何かがあってその誤解を解消したいと願っていたのにもかかわらず、その機会を奪われてしまったかもしれません。

セカンドオピニオンを勧めてあげれば、もっと別の治療法があったかもしれない。私が早く病状や様子の変化に気づけば、状況が変わったかもしれない。あの時間に待ち合わせしなければ、事故には遭わなかったかもしれない。もっと優しくしてあげれば、もっときちんと話を聞いてあげれば……。

守ってあげられなかった、などと自分を責めている方もいらっしゃいます。

突然の出来事で、愛する人にいったい何が起きたのか理解できない、納得できないかもしれません。自分に何かできたのではないか、この状況を回避できたのではないかという思いが、頭の中を駆け巡っていることでしょう。

自分の心の状態を知ろう

その死の原因にかかわらず、愛する人を失うということは、身を引き裂かれるほど辛いものです。

「グリーフ」という言葉をひと言で言い表すことはできません。

喪失感、罪悪感、後悔、自責の念、無力感、いろんな感情が複雑に絡み合い、心がいっぱいになってしまいます。

では、そのご自身の心の状態を見てみましょう。

愛着の絆

愛する人は、生前いつも当たり前のようにあなたの隣にいてくれていました。そんな存在とご自身との間には「アタッチメントボンド」という愛着の絆が存在します。

「愛着の絆」とは、いったい何なのでしょう。いてくれて当たり前、愛し愛されているという信頼、それを信じる心といってもいいでしょう。

この世界で「愛着の絆」でつながっている存在を「死」によって失うことは、言葉に言い表せないほど辛いことです。自分の半身を失う感覚を感じる方もいるでしょう。

「愛着の絆」を失うというこの経験は、大きな孤独感を感じるようになります。

想定内の世界

想定内の世界、それは愛する人がずっとそばにいるという世界観です。つまり「愛する人の死」という前提がない世界です。

そこには愛する人との未来の希望がありました。これまでのご自身の人生に「愛する人の死」という突然の出来事、つまりご自身の想定外の出来事が起きると、今まで信じていたもの、それまで当たり前だった想定内の世界が音を立てて崩れ始めます。そしてすべての自信を失います。

不安と恐怖

想定外の世界、愛する人が目の前にいないという現実に不安や恐怖を感じるようになります。

お通夜、お葬式など、目の前にやらなければいけない現実があります。例えば、納骨、遺品の整理、年金、保険、銀行関連の手続きなどにも時間を取られるでしょう。引越しをしなければいけないかもしれません。


思い描いていた現実が愛する人の死により変化していきます。日々の生活が変わっていきます。将来の不安も感じるでしょう。

またこういった現実が変化すると愛する人の死を認めてしまうことになるといった恐れを抱く方もいます。

決められた日時までにやらなければならないことの慌ただしさと、深い悲しみによって時間が止まってしまったような心の時間感覚には、かけ離れたギャップがあり、この現実の「変化」に対する葛藤が表れ始めます。

自分に起こっているさまざまな反応

愛する人の死別を境に、無意識のうちに私たちの心身にはさまざまな反応が起こり始めます。

それは、感情レベル、認知（思考）レベル、行動レベル、身体レベル、そしてスピリチュアル（魂）レベル、すべてにおいて起こります。

そのすべてを挙げることは難しいのですが、ご自身にどのような反応があるのか、それぞれのレベルについて考えてみてください。

感情の反応

・亡くなった方のことを片時も忘れない
・絶望感、混乱

・自責の念、罪悪感
・抑えられない怒り
・落ち着かない
・故人に会いたいと切望する

認知の反応

・その人の死が信じられない
・その人の亡くなった本当の原因を追求しようとする
・故人の存在を五感で感じる
・故人が生きているような錯覚に囚われる

行動の反応

- 何度も何度もお墓に行く
- 過剰に行動する（じっとしていられない）
- ミスが増える

身体の反応

- 息切れ、喉の渇き、疲労感、ため息、睡眠不足
- 突発的な衝動（泣きたい）
- 涙が止まらない
- 食欲の減退

スピリチュアル（魂的）な反応

- なぜ私にこんなことが起こったの？
- なぜ愛する人にこんなことが起こったの？
- その人の死、それが自分に起こったことの意味を探し求める

いかがですか。いくつも当てはまったのではないでしょうか。また、ここには挙げられていない反応もあるかもしれません。

反応は単独では起こりません。これらの反応が複数に絡み合っているのが、グリーフの状態なのです。

このような反応がご自身に起きていることを知ることは、実はとても大切なことなのです。

自分自身の反応に気づくことにより、今現在のグリーフの辛さを認識することができます。
それだけでなく、愛する人を失った当時の自分の心の状態も客観的に意識することができるでしょう。

自分自身にたくさんの反応があって心配になる方もいらっしゃるかもしれません。

でもそれはごく普通のことです。愛する人を亡くした方、皆さんが経験する反応です。安心してください、ご自身だけが感じているのではありません。

そして心配なさらないでください。その反応に対する意識、認識が自分への癒しの第一歩となるのです。

自分に起こっているさまざまな反応

感情の反応

●亡くなった方のことが片時も頭から離れない
●絶望感・混乱
●自責の念・罪悪感
●抑えられない怒り
●落ち着かない／故人に会いたいと切望

認知の反応

●その人の死が信じられない
●その人の亡くなった本当の原因を追究しようとする
●故人の存在を五感で感じる
●故人が生きているような錯覚に囚われる

行動の反応

●何度も何度もお墓に行く
●過剰に行動(じっとしていられない)
●ミスが増える

スピリチュアルな反応

●なぜ私にこんなことが起こったの？
●なぜ愛する人にこんなことが起こったの？
●その人の死、それが自分に起こったことの意味を探し求める

身体の反応

●息切れ、喉の渇き、疲労感、ため息、睡眠不足
●突発的な衝動(泣きたい)
●涙が止まらない
●食欲の減退

グリーフのフェーズ

　愛する人が亡くなり、大きな喪失感に苦しんでいるとはいえ、悲しみが少しだけ軽くなったように感じる時期が訪れることがあります。しかし、そう思ったら、またさらに苦しい時期がやってきます。それが数時間、数日、数週間、数か月のサイクルで訪れます。

　グリーフにはフェーズ（流れ）というものがあります。ご自身のグリーフのサイクルはどんな感じでしょうか。一緒に見ていきましょう。

回避のフェーズ

　まずは「回避のフェーズ」です。「愛する人の死」が受け入れられない状態です。

すべて否定的に考えます。現実を受け止めようとせず、愛する人の「死」を信じないように、自分の思考をコントロールしようとします。

次のようになったことはありますか？

- 無気力状態になる
- 現実が把握できない
- 感情の波が襲うが、意識的に感じないようにする
- 喪失の辛さを回避するために意識的、無意識的に否認

いかがでしょうか。このような感覚を感じた後、一定期間を経て次のフェーズに移ります。

同化受け入れのフェーズ

「愛する人の死」を認識しない、認識したくないという回避のフェーズの後、同化受け入れのフェーズが訪れます。

「同化受け入れ」をするというのではなく、その受け入れをしようと、潜在的、顕在的に努力をするフェーズです。

「愛する人の死」を受け入れない、受け入れたくないという感覚や感情のかたわら、それを理解し受け入れなくてはならないという、ある意味、理性が働くという、一番辛いフェーズかもしれません。

この両極にあるご自身の中のジレンマはご自身で解決するには辛すぎることでしょう。

次の気持ちを経験したことがあるかもしれません。

・愛する人の不在をいつまでも認められない
・会いたさ、恋しさが募り、激痛に襲われる
・人にこの苦しみを話したいけれど話せない
・引きこもり、うつ状態、身体不調に苦しむ
・怒り、後悔、自責感が募る
・絶望、無気力、虚無感

このフェーズの感情・感覚を抱いたことがある方は少なくはないと思います。

これらがご自身の主な苦しみではないでしょうか。これは単なる一例にしか過ぎません。

ご自身が今感じていること、ご自身の経験を、今一度、じっくり見直してみてください。

これが後の癒しに関わってきます。ここは焦らずにじっくりと感情・感覚に触

れてみましょう。

適応のフェーズ

「回避のフェーズ」「同化受け入れのフェーズ」の後、ようやく「適応のフェーズ」が訪れます。

死を受け入れ、自分自身を納得させ、一歩前に進もうとするフェーズです。

ようやく前を向き、愛する人がいない地上生活を歩んでいく勇気が湧いてくるフェーズです。

・愛する人の生還をあきらめる
・死別をあきらめの心境で受け入れる
・激しい感情の波がおさまる
・現実に目を向ける

- 将来が不安になる
- 愛する人のいない生活に適応しようとする
- 新しい生きがいや目的を探す

しかしながら、このままますべて安心していられないのが現実です。人間の思考はそんなに簡単に変化していくとは限りません。

愛する人との絆が深ければ深いほど、愛する人の死の傷の深さは計り知れません。前を向いて一歩前に進もうと勇気を持ったものの、また最初の「回避のフェーズ」に戻っていきます。

でも、それは自分だけ、とは思わないでくださいね、大丈夫です。この3つのフェーズの繰り返しは、人間の思考・感覚として当然に起きるものです。

3つのフェーズの繰り返し

このフェーズは、何度も何度もサイクルを繰り返してやってきます。前述の通り、数時間、数日、数週間、数か月のサイクルで訪れます。特に記念日や命日あたりは、グリーフの辛さが増すかもしれません。

そのそれぞれの時期に、自分の心の状態を少しでも客観的に眺められるように試みることがグリーフの癒しとなります。

そして、「しばらくしたら次のフェーズに移行するから大丈夫！」と次の心の移り変わりを待ってみてください。

心の移り変わりを自分でコントロールすることは難しいです。どうか、心の状態やフェーズを認識できたら、そのまま自然でいてくださいね。こうしなければいけない、こうなるべきだ、と考えなくてもいいのです。

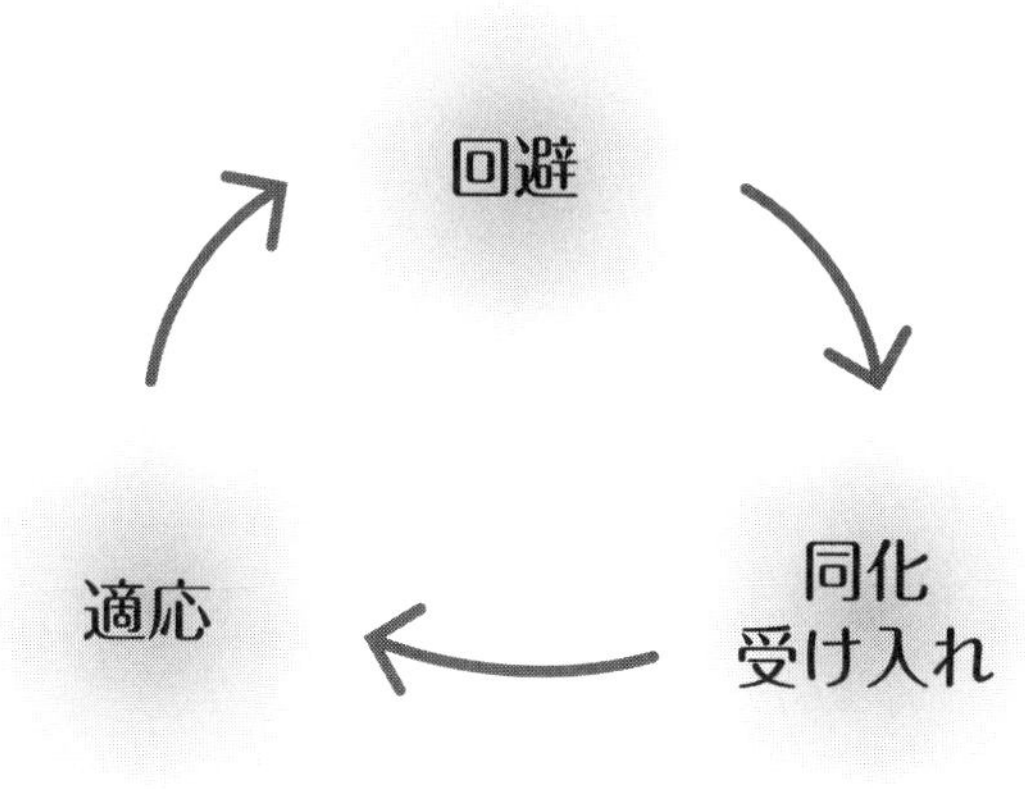

愛する人との別れの心が癒えるには時間がかかります。時間がかかっていいのです。このフェーズも、5つの反応同様、愛する人を亡くした人が、皆、経験することなのです。

グリーフの悲しみとその辛さは愛や絆の深さにもよりますが、世界中でたった1人、自分だけがこのような辛く悲しい思いをしているわけではないのです。

そのことを頭の片隅に入れておくだけでも、少しだけ心の痛みが緩和するかもしれません。

最も大切なこと

3つのフェーズ、そしてそれが一定期間で繰り返されることについてご理解いただけましたでしょうか。

実は、「愛する人の死」は、地上での、肉体の死であり、愛する人は、今も生きています。

それは、「ミディアムシップ（霊界通信）」にて、19世紀後半より証明され実証されています。

「愛する人」は肉体の死後も魂の存在として生きています。

ミディアムは、ミディアムシップの依頼者であるご遺族、つまりその亡くなった「愛する人」の魂とつながり、その方の性格、死因、仕事、趣味、家族関係など、生前の情報を伝えることができます。
そしてその亡くなった「愛する人」は死後、そのご遺族に、最近、何が起きているかも知っています。「愛する人」はそうした情報をミディアムに伝えてくれるのです。

ここで、皆さんへ「最も大切なこと」である4つをお伝えしたいと思います。

①愛する人を失い、自分をコントロールできない感情を持つことは、特別なことではない
②こういう気持ちを手放しても、手放さなくてもいい
③グリーフを経験することは、自身の魂の学びとなる
④最後は愛する故人と霊界で再会できる

「最も大切なこと」の4つを知ることで、自分ではどうすることもできない死別

最も大切なこと

愛する人を失い、自分でコントロールできない感情を持つのは、特別なことではない	こういう気持ちを手放しても、手放さなくてもいい
十分にグリーフを経験することも、自身の魂の学びとなる	最後は霊界で再会する

の悲しみから、無理して早く立ち直らなくてもいいということがおわかりになると思います。

自分の心を無理やりコントロールしないことが何よりも一番大切なことなのです。

愛する人を失ったあの日から、さまざまなネガティブな感情を抱いていらっしゃると思います。自分自身で、「これではダメだ、ちゃんとしなくては」と感じていても、そのように思っているのは、ご自身だけではありません。

先ほどお伝えしたように、世界中でたった1人、自分だけがこのような感情で苦しんでいるのではありません。

そして「子供を亡くしたのだから、配偶者や親を亡くした人より、私のほうが苦しい」などと、悲しみの深さは比較できるものではありません。辛く苦しい思いは人それぞれです。人と比べる必要はありません。

そして自分だけが特別に辛いと思う必要もないのです。

辛い気持ちを手放さなければいけない、でも辛い、でも手放すべきだ、でもできない……。2つの思いの間で心が揺れ動いている方も多いことでしょう。

そのような心の揺らめきを感じることは当然のことで、あなたが特別だということではないのです。

今、気持ちが揺れ動く状態なのだ、といったん受け止めてみてください。

リラックスする瞑想

心が苦しいと、どうしても呼吸が浅くなってしまいます。誘導にしたがって、まずはしっかりと深く呼吸してみましょう。そして、自分に優しいひと時を過ごしてください。穏やかな呼吸とともに訪れるリラックス感がセルフヒーリング効果をもたらして、心を落ち着かせてくれるでしょう。

ワーク

悲しみや気持ちを見直す

自分のグリーフ（愛する人を亡くしたことによる辛い気持ち）をたくさん書き出してみましょう。

第
2
章

死は終わりではない

テリー高橋

愛する人は、あなたのそばにいます

愛する人の死に直面すると誰もがこう考えます。

「なぜあの人は死ななければならなかったのか」

「なぜ私をおいて逝ってしまったのか」

「なぜこんなに早く別れなければならなかったのか」

さらには、「あの人が死んだのは私のせいではないのか」と、後悔や自責の念にも苛まれてしまいます。


愛する人の死によってさまざまな思いが頭の中を四六時中駆け巡って、仕事にも集中できず、気分転換をしようにも何も手につきません。

もちろん考えたところで答えは出ないことはわかっています。でも、考えることを止められず、その分余計に悲しみが膨らんでしまいます。

そんなあなたのことを、愛する人はそばで見ています。

「自分はここにいるのに、なぜそれがわかってくれないのだろう……」

「自分は決して苦しくもないし悲しくもないことを、どうすれば伝えられるだろう……」

そう思いながら、あなたの背に優しく手を当て顔を覗き込んでいるかもしれません。

とめどなく流れるあなたの涙を拭いてくれているかもしれません。

そっとあなたを抱きしめてくれているかもしれません。

あなたの愛する人は決して遠く離れた知らない世界へ行ってしまったわけではないのです。

この世での時間を終える時に肉体は脱ぎ捨てたので、あなたに姿を見せることはできませんが、エーテル体というエネルギーの体を持った状態で、今も変わらず存在しています。

この地上では離れ離れになってしまいましたが、いずれあなた自身も、今の人生をまっとうしてこの地上とお別れする日がきます。

あなたもいつの日か、その人と全く同じように、この世での暮らしを卒業して肉体を脱ぎ捨て、あちらの世界〈霊界〉へ帰るのです。

その時があなたと愛する人との再会の時です。

その時が来ることを、あなたの愛する人はわかっています。

そして、その瞬間までずっとあなたをそばで見守りながら、一緒に過ごしていてくれるのです。

なぜ生まれ、なぜ死ぬのか？

なぜ人は、愛する人の死によって辛い悲しい思いをしなければならないのでしょう？

いずれ霊界で再会するのであれば、なぜ死んで離れる必要があるのでしょう？

そもそも人はなぜ地上に生まれるのでしょう？

でも、もしあなたが地上に生まれなかったら、それが伴侶であろうと親や子供、パートナーや友人であろうと、その人との出会いも、ともに過ごした幸せな時間もなかったのですから、あなたにとってのその人との出会いは、地上に生まれたからこそのご褒美だと理解すべきです。

ミディアムシップを経験したことのある方はご存知でしょうが、先に霊界へ帰ってしまった人は、私たちに愛に溢れたメッセージを送ってくれます。

初対面のミディアムが知る由もない、自分たちだけしか知らない懐かしい思い出を伝えてくれたり、その人が見ていてくれるからこそわかること、例えば、まさにいま自分が考えていることや、直面している状況について伝えてくれたりもします。

それらはすべて、「魂は死後も存続する」（スピリチュアリズムの七大綱領の第四番目171ページ参照）が真実であることの証拠です。

つまり、死によって肉体は失くなっても、心と魂は寸分違わず、その人の個性（人柄や性格）、そして思い出などを保ったまま、今もしっかりと、実在の人物として生きているということなのです。

それにしても、死とはいったい何なのでしょう？

「亡くなった人がまだいる」といわれても実感が伴わないでしょうから、まずは私たちがどのようにして成り立ち、存在しているのかを説明していきましょう。

私たちは三位一体の存在

皆さんは、「三位一体《さんみいったい》」という言葉を聞いたことがあるでしょうか。

これは、私たちが「からだ（肉体）」「こころ（精神＝思考・感情）」「たましい（霊魂）」の3つの要素が1つに融合した存在であることを意味します。


ちなみに、この3つの中で主体になるのは肉体ではありません。魂です。

言い換えれば、肉体の中に魂が入っているのではなく、魂があるからこそ、この世にいるために必要な肉体をもって、今ここに存在しているのです。


ですから、この世での暮らしを終えると肉体は不要になり、不要になったものは邪魔になるので脱ぎ捨てます。

それが、この世における「死」です。

肉体を脱ぎ捨てると、「たましい」と「こころ」だけの文字通り身軽な存在となって霊界へ帰ります。

つまり、この世にいる私たちと霊界の人たちとの違いは、単に肉体の有無だけだということです。

ちなみに、亡くなった人を「霊」と表現しますが、実は私たちもすでに「霊」なのです。ただ、この世では肉体がないと暮らせませんから、私たちは肉体を持った霊として、ここにいるということになります。

それにしても、その霊や魂というものはいったい何なのでしょう？　それを理解するためには、まず神というものを正しく理解する必要がありますので、それを次に説明していきます。

神とは何か？

あなたは「神」を信じますか？　といっても、決してこれは怪しい勧誘ではありません。

神とは、この宇宙を、三次元だけでなく、私たちの想像を超える無限かつ多次元の宇宙を創造した偉大なるエネルギーです。

大霊、創造主、Great Spirit（グレート・スピリット）、Great White Spirit（グレート・ホワイト・スピリット）、Great Creator（グレート・クリエイター）など、いろいろな呼び方がありますが、何と呼んでも構いません。

ただし、神といえば人間のような姿かたちをしていて、遥か彼方の天界から私たちをじっと見つめているように想像してしまいがちですが、これは違います。

神は、そのような人間的なものではなく、宇宙全体を司る絶対的なエネルギーです。

つまり、この「神」という創造エネルギーがなければ、宇宙自体が存在しませんし、地球も、私たちも、その他すべての生きとし生けるものも、何ひとつ存在できません。

さらには、単なる物理的な法則だけでなく、人間の行為、言葉、心の動きなどの人間生活のすべてに渡る法則（摂理）として働いている力でもあります。

ですから、神は存在するものすべての源《みなもと》であると理解するのが正しいのです。

そして私たち一人ひとりに、その神の分霊、つまり神のエネルギーの一部である「魂」が備わっています。

だからこそ、この地上で肉体を持って生きることができ、死によって地上を離れるために肉体を手放しても、本質である魂は消滅することなく、そのまま魂の住む世界（霊界）へ帰って、永遠に生き続けるのです。

神は「大海」で、私たちは水の一滴

神は偉大なる霊「大霊」であり、私たちはその一部である「分霊」です。

神が大海だとすれば、私たちはそれぞれ、その海の水の一滴のような存在、そう理解しても構いません。

いずれにせよ、私たちは意識するしないにかかわらず、誰もが必ず神性を備えながら生きている存在なのです。


ではなぜ、神は私たちにその一部を授けるのでしょう？　それは魂の成長のためです。

先ほど、神が大海で、私たちはそれぞれがその海の水の一滴だと説明しましたが、神はその大海そのものとして常に進化・向上していて、私たちもその一部として連綿かつ永遠に成長している存在なのです。

そして、成長のためには学びが不可欠ですから、その学びに必要な経験を得るためにこの世に生まれてくるのです。


私たちは、この地上で実にさまざまなことを体験します。良いこと・楽しいこともありますが、嫌なこと・苦しいこと・悲しいこともたくさんあります。愛する人との別れによる、身を裂かれるほどの辛い経験も、その1つです。

そう聞くと、何と神は残酷で非情なものか！　と腹を立てる方もおられるでしょう。

でも、自分がまだ子供で学校に通っていた頃のことを思い出してみてください。

不得意な科目のテストでは、なかなか思うように問題が解けなくて点数も芳しくないですが、それでもあきらめずに頑張って勉強したら、次のテストではいい点が取れて先生と親に褒められた、そんな経験はないでしょうか。

難問に頭を痛めている時には逃げ出したい気持ちになっても、そこで頑張れば、後になってその苦労が報われる。そして、その時に学んだことは容易には忘れないはずですし、その学びがあったからこそ進級もできたはずです。

悲しみの渦中にいる今のあなたもそれと同じような状況です。自分が今いる状況を受け入れるのは難しいですし、なかなか冷静に受け止めることもできないかもしれません。でも、その辛く悲しい経験は、あなたの魂の学びへの大きな糧になっているに違いありません。

そして、いつかそのことが自分でもわかる時が必ずやってきます。

魂の向上

かけがえのない存在を失ったという事実は時間が経ってもなかったことにはなりませんから、その悲しみや寂しさが完全にゼロになることはないでしょう。けれど、数か月後、数年後……どれほど時間がかかるかはわかりませんが、そのうち少しずつ、悲しみが穏やかに鎮まってきます。

そして、いつの日か、今の自分を振り返って、そんな風に苦しい経験を乗り越えた自分の中に、何かそれまでとは違うものを感じることがあるでしょう。

それは、何か大きな力をもらったような感覚かもしれませんし、自分の成長を感じる瞬間かもしれません。

なかなか言葉では表現しづらいことだろうとは思いますが、これこそが魂が向上するということなのかな？　と、そんな風に思える何かに、きっと気づくことがあるでしょう。

そして、その気づきが力と勇気となって自分の背中を押してくれるのを感じながら、自信を持って前に進めるようになるはずです。


霊界へ帰った愛する人たちも、同じです。この世での死を迎えても、そのまま時が止まるわけではありません。その人たちも、純粋な魂の存在として、今度は霊界でさまざまなことを経験し学んで成長し続けるのです。

この世の私たちも、いずれ寿命を終える時が来て、ここでの暮らしに幕を閉じますが、ひとたび霊界へ帰るともう終わりはありません。

霊界での新たな生活をスタートしたら、その先はずっと成長と向上を目指してさまざまな経験を通じて学びながら、永遠に生き続けます。

たとえその人の姿はこの世の私たちには見えなくても、霊界という魂の世界で、私たちが今ここでせっせと学んでいるのと同じように、学び続けているのです。そして、今もしっかり実在の人物として、あなたをそばで見守り、気遣い、応援してくれています。

ですから、お互いの学びがこの先も順調にはかどるよう、あなたも、愛する人に霊界で精一杯頑張ってもらえるよう、応援してあげましょう！

魂は今も生きている

肉体を失くしても生き続ける私たちの本質は「魂」。すなわち、エネルギーの存在です。

でも、エネルギーのままでは、この地上界では物理的な活動はできませんから、肉体を持って生まれてきています。そして肉体には「期限」があります。それが私たちが俗にいう「寿命」です。

寿命の長短は人によって違いますが、いくら身体の健康を万全に保っていたとしても、加齢・老化とともに体力も落ち、筋力も落ち、そのうち動けなくなって霊界へと戻ります。

それまでの時間はせいぜい80年、90年、よく頑張っても100年ほどでしょう。でも、魂は永遠に存在しますから、100年なんて一瞬かもしれません。

あなたと愛する人がこの世でともに過ごした時間は、あなた自身の寿命に比べると、ほんの短い期間だったかもしれません。

でも、たとえそれがどれほどわずかな時間であったとしても、きっとあなたとその人にとってはとても特別な時間だったはずです。そして、その中で何にも代えがたい大きな意義ある関係を築いたことを、あなたもその人も実感していることでしょう。

2人で一緒に過ごしたその時間は、決して愛する人の死によって消えてなくなるわけではありません。

愛の絆は永遠です。死に愛を消滅させる力など絶対にないのです。

魂は永遠に存在する

では、「死」がもたらすものは何なのでしょう？　まず、死は肉体と魂の分離です。つまり、魂の肉体からの解放です。

例えば、病気にかかって痛みを感じるのも、肉体があるからです。肉体の神経が痛みを感じているわけです。ですから、死によって肉体を脱ぎ捨て純粋な魂となれば、もうその瞬間から痛みもなくなります。

ひとたび肉体を脱ぎ捨てると、私たちの肉体に備わった目（肉眼）では見えなくなります。

ですから、その人が魂となって存在していると聞いても、どうしても信じられない方もいらっしゃるでしょう。

でも、もし見えないから「ない」というのであれば、私たちの心はどうなりますか？

私たちには心がありますが、肉眼で見ることはできません。けれど、誰しも自分に心があることは絶対的な自覚を持って確信しています。

他には、例えばＷｉ-Ｆｉなどの電波もそうです。電波もエネルギーなので目には見えませんが、私たちは当たり前のように使っています。この世の中には、肉体の眼では確認できなくても、実在するものがたくさんあるのです。

魂も同じです。目には見えませんが、地上の検査機器では感知できないくらい細やかで、デリケートな美しいエネルギーの存在なのです。

そして、魂は心を原動力としています。つまり、感情や思考の働きによってその心にあるものを体現するために肉体を持ってこの世に暮らしているのです。

ですから、起点はあくまで魂です。魂がなければ心も不要だということです。そして魂は、肉体はなくなっても心（思考や感情）を持った状態で存在します。

あなたの愛する人もそうです。例外はありません。その人の本質である純粋な魂の存在として、心を持ったまま、今も生きているのです。

人が死ぬということは、その人がいなくなるということではなく、実際には何も変わらないのです。

やかんに水を入れて火にかけると、その水は沸騰して蒸気になります。加熱によって、そのまま水として留まることは不可能ですが、蒸気という水分を含んだ気体へと変化して存在します。

人の死も、これと同じようなものです。肉体はなくなりますが、エーテル体（魂が持つ体）を持って永遠に存在し、霊界で暮らすのです。

ですから、死によって無になるというのなら、そういう意味では、人は絶対に死なないということです。

霊界へはどんな風に帰るのか？

先ほどの説明で、私たちの魂は死後も永遠に存在するということをご理解いただけたかと思います。

では、肉体を脱いでこの地上からいなくなった人は、今どこにいるのでしょう？

魂の存在となった人たちは、私たちのいる、この三次元の地上界とは別の次元にある世界〈霊界〉にいます。そして、そこは私たち魂にとっての故郷です。あなたも、もともとは霊界の住人でした。でも、何かしらの理由があって、この世でしか得られない学びを得るために、自分の意思で地上に戻ってきたのです。

この世では魂のままではいられませんから、肉体を持つことになります。ちなみに、この時に得る肉体は、自分が定めた学びの目標に最も適したものです。例えば、人種・性別・容姿・生まれつき備わった体質など。そして、生まれる場所や環境、親・兄弟姉妹などの家族や友人・仲間などの人間関係も、この世での自分の学びに最も効率が良いように、自らの意思で選択して生まれてきます。決して、あなたの両親が、勝手にあなたをこの世に生み出したわけではありません。

魂と肉体は、シルバーコードというエネルギーのヒモでつながっています。このヒモでつながっている限り、私たちは肉体を持って地上生活を続けます。ですから、死というのは、そのシルバーコードが切れ、魂が肉体に戻れなくなることをいうのです。

しかし、それは同時に、魂が肉体という制限のあるものから解放されて自由になることを意味します。そして、この世とは別の次元の霊界（ここへ生まれる前に住んでいた故郷）へと帰ります。

霊界へ帰る時には、生前からずっと見守ってくれていた守護霊のサポートを受けながら、先に霊界に旅立った家族や仲間やペットたちの温かい出迎えを受けます。これが待ちに待った愛する人たちとの再会の時というわけです。皆は、ずっとあなたを見守っていましたから、この世であなたがどれほどまでに頑張っていたかをよく知っています。

ですから、あなたのことをみんなが再会の喜びとともに「お疲れさま」「お帰りなさい」「本当によく頑張ったね！」と、優しく労いつつ、温かく迎えてくれることでしょう。

愛する人は亡くなったら、どうなるのか？

高級霊シルバーバーチ※はこう言います。

「死とは、小鳥が鳥カゴから放たれて自由に羽ばたくように、肉体から解き放たれて、より大きな生活の世界へ進んでいくことです」

愛する人は、死により肉体から解放され自由になります。

肉体がないので、もう痛みや辛さはありません。

肉体以外の辛さ、例えば精神的な苦痛があった場合でも、その原因の多くはこの地上界における環境的・物質的な問題であるため、ひとたび霊界へ帰るとそれらの苦しみからは解放されますし、必要であれば、霊界で十分なケアを受けて癒され落ち着きます。

そして先述のとおり、故郷である霊界では、先に帰った人たちと楽しく満ちたりた再会の時を過ごし、霊界での新しい暮らしをスタートするのです。

※シルバーバーチとは、１９２０年代から約60年に渡りイギリスの交霊界においてモーリス・バーバネルという霊媒を通じて霊的真理を伝え続けた高級霊。その内容は『Teachings of Silver Birch』として多言語に翻訳され（邦題『シルバー・バーチの霊訓』）、現在も世界中で多くの人に愛読されている。

霊界とはどのようなところか？

愛する人が戻った霊界、そして私たちの故郷である霊界は、どのようなところでしょうか。

その説明をする前に、まず霊界がどこにあるのかを説明しましょう。

霊界と聞くと、つい遥か遠くの空の彼方にあるようにイメージしがちですが、そうではありません。実は、霊界は私たちのすぐ身の周りにあるのです。

つまり、私たちのいるこの地球と同じ場所にあるのです。実際には、霊界のほうが地球よりずっと広くて大きいですから、本当は霊界の中に、私たちのいるこの世界が包まれていると理解したほうが正しいのです。

ですが、私たちの世界と霊界とは次元が異なり、波動（エネルギーの振動数）が違うので私たちには感知できないだけです。

霊界はどこにある？

霊界とこの世は融合しています
あなたの愛する人は、いつ・どんな時もあなたとともに在るのです
物理的
(この世目線)
霊的
(あの世目線)
肉体(器)に遮られて
外が見えない・聞こえない・
感じない・何もわからない
霊界からはシースルー。
中が見える・聞こえる・感じる・
すべてがわかる

しかし、霊界からはこちらのことがすべてわかっています。その辺のところは図解のほうがわかりやすいと思いますので、どうぞ上の絵をご覧ください。

この絵のように、霊界を大きな海のようにイメージしてみてください。

そこへバケツを入れると、中に水が入ります。この状態が今の私たち、つまり、この世に肉体を持って生きている私たちです。

バケツの中身は水ですが、バケツの壁が邪魔になって外の世界のことがわかりません。

しかし、先ほどの説明にもあったよう

に、霊界と私たちの世界は共存（融合）していますし、バケツの壁はマジックミラーのように、こちらからは見えなくても、あちらからは見えますから、霊界（バケツの外）からはちゃんとバケツの中のことがわかるのです。

肉体を脱いで霊界へ帰った人たちは、バケツの中身のような、壁に遮られた状態で肉体の中にいる私たちの魂を容易に感じることができるようになります。なぜなら、肉体の眼を持たない霊界の人にとっては、地上の人の肉体（バケツ）より、本質である魂（バケツの中身）のほうが大切だからです。

愛する人は霊界で何をしているのか？

人は死によって肉体を脱ぎ捨て地上から解放されると、霊界に戻って自分の人生を振り返ります。

いま終えたばかりの自分の人生のすべてが映画のスクリーンのようなものに映し出され、それをじっくり見直すともいわれています。

楽しかったこと、嬉しかったこと、忘れがたい思い出の数々も懐かしい気持ちで見るでしょう。また、辛かったこと、悔しかったこと、失敗したこと……それらの出来事も同様にすべてをもう一度見直して反省もします。

あなたの愛する人もそんな風にあなたとの生活を振りかえり、あなたに対して伝えたい感謝の気持ちや、ああすればよかった、こうすればよかった、ああ言えばよかった、こう言えばよかったなどと、さまざまな思いを抱くことでしょう。申し訳ない、謝りたいと思うようなこともあるかもしれません。

そんな風に、自分の人生の一コマ一コマを丁寧に見返しながら、地上での体験の一つひとつが自らの魂の成長の糧となっていたことに気づくのです。

そして、その気づきから、また新たな目標や課題を得て、更なる成長を目指して霊界での新しい生活を始めるのです。

仕事もするでしょう。ただし、霊界は物理的なニーズはないのでお金を必要としません。

ですから、地上生活のように、稼ぐために働くのではなく、あくまで自分という存在を利他的に、そして最大限に活かすための役目を担って勤しむと理解したほうが正しいです。

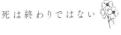

地上で教師の仕事を生き甲斐としていた人は、霊界でも教師として生徒たちを導きますし、医療従事者や人の癒しを使命としていた人は、霊界で癒しを必要とする人たちをケアします。場合によっては、地上での癒しに必要なサポートをすることもあります（スピリチュアル・ヒーリングにおいては、スピリットドクターやヒーリングガイドとして、地上でスピリチュアル・ヒーリングを行うミディアムを助けます）。

動物が大好きな人は、霊界で動物の世話をすることもできます。この世を飼い主より先に離れてしまったペットたちも、そのような人たちの手厚いお世話を受けて可愛がってもらいながら、いずれやってくる飼い主との再会を待つのです。

子供たちも同様です。幼いお子さんを亡くした親御さんは、我が子が霊界でどれほど寂しく不安な思いをしながら過ごしているか、とても心配でしょう。でも、霊界には親に代わって子供の面倒を見たり教育をしたりする人たちがちゃんといますし、同じように霊界へ早く戻ってきた子供たちと遊ぶこともできます。

もちろん、霊界のお子さんたちからは地上の親御さんたちがちゃんと見えていますから、霊界からお父さん・お母さんの応援もしてくれます。

死んでしまったら、もう何もできなくなると心配する方もおられますが、そのような心配は不要です。

ある意味、今のこの地上での生活以上に、皆それぞれに、その人らしく自由に生きることができるのが霊界だからです。

そして、地上にいるあなたのことを、愛する人は絶対に見放しません。自分がいなくなったことで、どれほどあなたが嘆き悲しんでいるのか、あなたがどんな想いで涙を流し続けているのかもちゃんとわかっています。

そして、あなたには幸せでいてほしい、笑顔でいてほしい、そのためには自分に何ができるか、どうすればあなたを悲しみから救ってあげられるのか……きっと一生懸命考えていることでしょう。

あなたの愛する人は、あなたがその人を想うのと同じように、その人もあなたのことを想っています。そして、いつ・どんな時も、あなたを見守りながら応援してくれているのです。

死は解放

またバケツの水を想像してみてください。

バケツという肉体を卒業すると、その中の水、つまり魂は霊界に戻ります。もともと自分のいた大きな世界へと戻っていくのです。

バケツは限られたスペースしかないため、中にいる時には自由が利きません。それに、バケツは経年劣化や扱い方によっては壊れます。

しかし、たとえバケツが傷ついたり壊れたりしても、中の水は変わりません。

肉体と魂もこれと同じです。

肉体が病気や怪我などで酷く傷ついてしまっても、中身の魂は本来の状態そのまま、絶対に傷ついたり壊れたりせず、とても健やかです。

ですから、死によって肉体という制限から解放されて、自由な世界で本来の姿

死は肉体からの解放
もといた、自由で大きな世界(霊界)へ帰る

に戻った魂は、とても生き生きとしていて、生前よりも元気になります。

そして、自由になった魂の住む霊界というところは、愛と光に満ちた美しい世界です。

何の不安も心配も、ネガティブな要素などは一切ありません。地上にある痛みや苦しみ、妬み、恨み、そんなものとも全く無縁の世界です。

そこでは自分のしたいこと・すべきことを自由にすることができますし、さまざまなことを学ぶこともできます。そんな風にして、魂の存在となって霊界へと戻った愛する人は成長し続けるのです。

この世というところは、とかく苦労が絶えず、物理的な悩みや苦痛がたくさんあります。

ですから、例えば、肉体的な病気で苦しんでいた人の場合、死によって肉体から解放されることで、病からも解放され、痛みや苦しみは全くなくなります。精神的に苦しんでいた場合も同様です。

この世における苦難は物理的状況、例えば人間関係、金銭などが原因になっていますから、物質界からの解放によってその苦しみからも解放されます。

霊界にはお金を持って行くこともできませんし、地上の人間関係からも離れることができますから、もう何も心配する必要はありません。

死は成長のプロセス

私たちが生きているこの地上界（この世）は、魂が成長するために必要な学びを得るための学校。つまり「この世学園」です。ですから、死は「この世学園」からの卒業を意味します。

私たちの魂は、たくさんの経験を得るために霊界を離れ、地上に生まれてきます。霊界が故郷で、地上はそこでしか体験できないことを求めてやってくる、いわば留学先と考えてもいいかもしれません。

そして、地上では多くの人たちと関わり、たくさんの知識や情報に触れ、さまざまな経験を通じて喜怒哀楽などの感情を経験します。

あなたと出会って一緒に時間を過ごしたこともとても大切な経験ですから、その実績を持ってあなたの愛する人は霊界へ戻りました。

その人とのお別れをあなたは望んではいなかったでしょうし、時期があまりにも早すぎてとても不本意なことでしょう。

でも、霊界へ帰ることは、あなたの愛する人の魂が決めたことなのです。

けれど、霊界への帰還によってあなたから離れ去ってしまうわけではありません。

あくまで、「この世学園」から次のレベルへの進級です。高校から大学へ進学することをイメージしてみてください。

高校生が大学の勉強をすることは難しいでしょう。でも、大学生になると高校生のままでは知り得なかった高度な知識に触れることができます。

それと同じように、「この世学園」から「霊界大学」へと進学して、立派に大学生となった愛する人は、地上の世界よりも遥か大きな霊界というところで、多くの知恵に触れながら過ごすことができるようになるのです。

まだ「この世学園」にいる私たちには、なかなか難しくて理解できないことがたくさんあります。

でも、誰しもいつか、この世での生活を終える時がきます。それがいつになるかは私たちにはわかりませんが、地上に生まれることを決意して霊界を出発する時に、この世で過ごすおよその時間は決めてくるといわれています。

それがよくいう「寿命」です。

ここにいる間は、霊界にいる時のことは何ひとつ覚えていません。

しかし、与えられたこの世での時間は大切に、きちんと自分の命が尽きるまでしっかり生き切る責任が私たちにはあります。

ただ、この世に高校生のままずっといたのでは十分な学びが得られず先に進めませんから、いつかは、この世の暮らしにピリオドを打たなければ、魂的に次の段階に進めないのです。

私たちの魂は、永遠に学び続ける存在なのです。それが自然の摂理です。例外はありません。

愛する人は身近にいる

もう一度、バケツの中の水を思い出してみてください。霊界に戻った人から見ると、私たちの肉体はシースルーです。肉体に入っているあなたが見え、聞こえ、感じます。すべてがわかるのです。

肉体は物体ですから、必ず滅ぶ時がきます。でも、肉体は滅んでも魂は生きています。そして、心もあります。

霊界はどこにある？

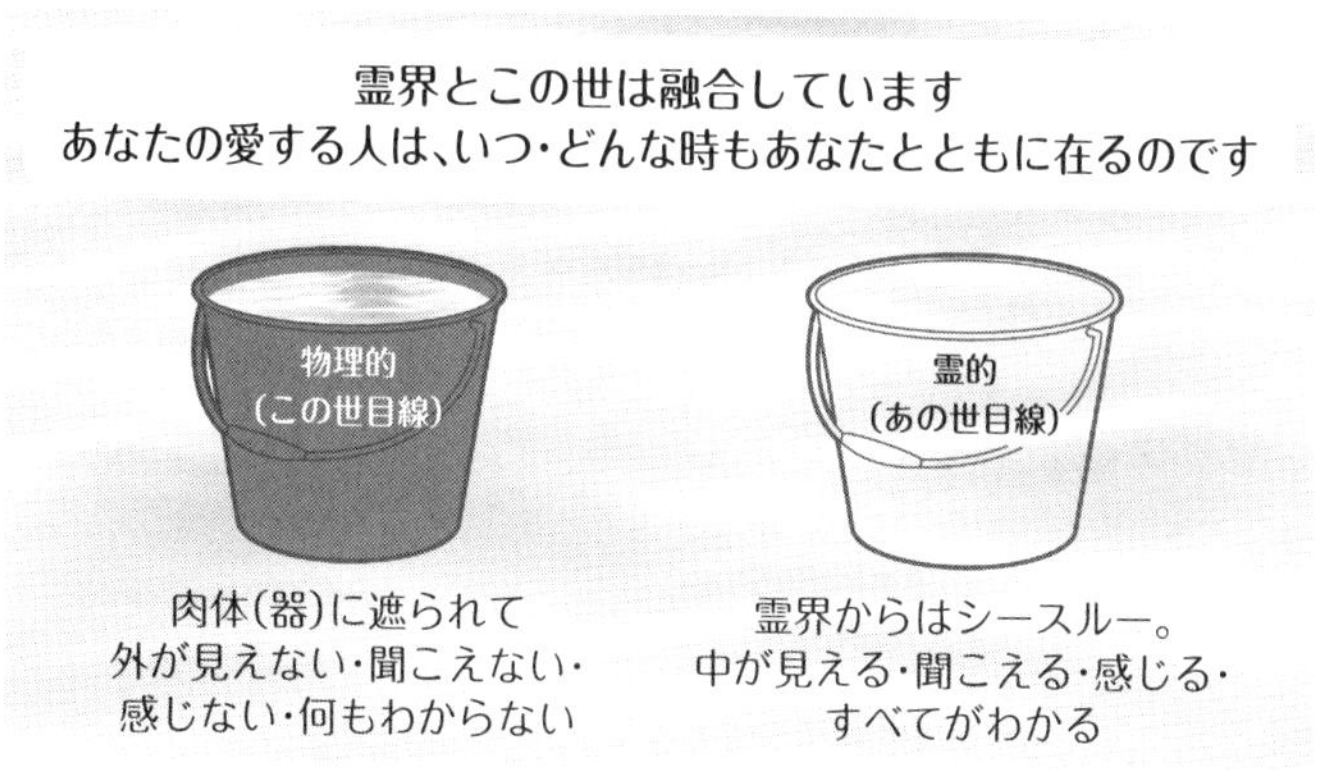
霊界とこの世は融合しています
あなたの愛する人は、いつ・どんな時もあなたとともに在るのです
物理的
（この世目線）
霊的
（あの世目線）
肉体（器）に遮られて
外が見えない・聞こえない・
感じない・何もわからない
霊界からはシースルー。
中が見える・聞こえる・感じる・
すべてがわかる

だからこそ、愛は永遠に不滅。いえ、それ以上に、愛する人のあなたへの愛は、死によってさらに深まるのです。

そして、肉体という物理的な束縛がなくなるため、ずっとそばにいることができるようにもなります。

あなたは気づいていないかもしれませんが、２人の絆は以前よりかえって深まっているのです。

見えない壁をつくらないようにしよう

ふとした瞬間に、その人の気配を感じたり、見られているような気がすることはありませんか？

だとしたら、それは決して錯覚でも気のせいでもありません。あなたの愛する人は、自分が今も変わらず一緒にいることをわかってほしいのです。そばにいることを知ってもらうために、いろいろ頑張ってくれているのです。

「えっ、もしかしてそばにいる？」

そう感じた時は、心を静かにして、周りの空気感に意識を向けてみましょう。

懐かしいコロンの香りがしたり、ふと姿が見えたように感じたり、写真に話しかけたら返事が聞こえたように感じたり、触れられているように温かみを感じたり、突然その人との思い出のシーンが鮮明に頭に浮かんだり、お部屋の時計がその人にちなんだ数字を示していたり……。

そんな時は、愛する人が必ずそばに来てくれています。あなたのことを気遣って、そばで慰めてくれているのです。

あなたの愛する人は、いつもあなたの暮らし振りをそばで見ながら、全力であなたを応援してくれていることを忘れないでください。

そして、あなたの毎日の生活の中での経験を、ともに体験してくれています。あなたが学ぶことを、あなたの愛する人も一緒に学んでいるのです。

あなたがグリーフから抜け出すために一生懸命頑張っていることも、努力していることもわかっていますし、その過程をともに過ごし経験してくれてもいます。この本も、きっと一緒に読んでくれているでしょう。

地上界と霊界は、一見すると全く異なる世界の離れた場所のように思いがちですが、決してそんなことはありません。

たとえその人の姿は見えなくても、あなたとその人は今でも二人三脚でともに学び続けているのです。そして、2人の存在をしっかり結んでいるのが互いへの愛です。愛ほど強い絆はありません。


見えないからいない、見えないから信じない、のではなく、愛する人の魂が今も生きている、そばにいるということを信じましょう。

せっかくそばにいるのに、あなたが見えない壁をつくってしまったら、その人はとても悲しいはずです。

ですから、オープンマインドでいてあげてください。そうすれば、あなたと愛する人との距離はもっと近いものになります。

魂は永遠に存続する

魂は永遠に生き続けます。この世での人生は、その永遠の命のほんのひと時を、肉体をまとって過ごしているだけに過ぎません。

もし死によって無になるというのなら、魂が無になることは絶対にありません。ですから、本当は私たちは死なないのです。

ただし、この人生が長い魂の旅路のわずかひと時だからといって、軽くみてしまうのは間違いです。なぜなら、地上でしか得られない経験を得るために過ごす貴重な時間なのですから、今の人生は大切にしなければいけません。

魂はただこのまま永遠に存在するわけではありません。魂は、その永遠の成長を目指して生き続けます。

神の一部である魂は、肉体を卒業しても、その神の完全なるエネルギーを目指し、永遠に学び続けるのです。

それが、スピリチュアリズムの第七綱領の第七番目「いかなる魂も永遠に向上する機会が与えられている」（173ページ参照）ということです。この地上での経験はその進化・成長のプロセスなのです。

今の人生でどんなに辛いことがあっても、それがこの先もずっと続くわけではありません。時間を巻き戻すことはできませんから、その辛いことを過去に戻ってかき消すこともできません。また、その辛さを無理やり追いやることもできません。

でも、今あなたが体験している辛さには、ちゃんと意味があります。決して無駄にはなりません。この先、1年後、3年後、5年後、10年後……いつになるかわかりませんが、あなたのペースできっと乗り越えられる時がきます。

渦中にある時は苦しくても、それは知らず知らずのうちに、自分の魂の成長を促すための学びになっています。そして地上の学びが終われば、「死」という肉体の卒業を経て、霊界へと戻っていくのです。

魂の学びは永遠に続きます。霊界へ行ってもさらに学びは続きます。この地上での経験や学びは、霊界での学びの予習になるのです。

予習は時として困難で苦しみを伴うこともありますが、いよいよ「この世学園」から次の段階へと進む時には、その苦労が報われたことを、あなた自身はもちろん、あなたの愛する人も一緒に分かち合い、ともに喜んでくれるでしょう。

瞑想

愛する人と再会する瞑想

愛する故人は常にあなたのそばにいます。まずは「会える」という期待を横に置いて、誘導にしたがって心をしっかり落ち着かせ、感覚を研ぎ澄ませていきます。最初は何も感じないかもしれませんが、繰り返していくうちに、愛する人の気配を感じられるようになるでしょう。

ワーク

ポジティブな思い出

あなたと愛する故人との楽しい思い出、ほっこりするような思い出を30個書き出してみましょう。

第3章

故人とともに生きる

佐野仁美

自分とは？　霊界の愛する人とは？

愛する人は、いつもあなたのそばにいます。それはこれまでのお話やワークでご理解いただけたかと思います。もちろん、頭では理解しようとしても感情的に受け入れられない方もいます。

私たちも霊界の愛する人も、同じ「魂」の存在です。違いは、肉体をまとっているか否か、それだけです。

もちろん、それは大きな違いです。肉体を持つ同士であれば、肉体の五感でのコミュニケーションができます。言葉で会話することができますし、お互いの匂いも感じられますし、その身体に触れれば温かいです。生きていることの実感を得ることができます。

愛する人が霊界に行ってしまい、その身体が地上からなくなってしまうと、それぞれの「魂」同士でしかコミュニケーションができません。

もうおわかりかもしれませんが、私たちの違いは「身体」があるかないかだけなのです。

地上に残されている私たちとしては、その愛する人の「魂」を信じ、それを感じるしかありません。

それは地上でのコミュニケーションのように流暢な会話という形ではないでしょう。

でも、愛する人の写真に話しかければ、愛する人の言葉が脳内再生することも経験したことがあるかもしれません。

「あの人だったら、こう言ってくれるかしら」と考えた時には、必ず愛する人がそばにいてくれています。

霊界の愛する故人は、どんな存在でしょう。

肉体はないけれど、今もなお生き生きと存在しています。地上の卒業時点で時が止まっているわけではありません。

地上を卒業した後も、愛する人を霊界から見守り続けています。それを信じてみることから試してみましょう。

霊界への帰還

愛する故人はさまざまな理由で地上の世界を卒業し、霊界に旅立ちます。霊界へ旅立つことを察していた故人の方もいれば、全く想定外の出来事で地上を離れる方もいます。

例えば、老衰で旅立った場合、ご自身も寿命をまっとうされ、静かにその死の瞬間を待っていることでしょう。ご家族もある程度の心の準備ができています。

病死である場合は、状況はさまざまです。長い間、病気を患い、入退院を繰り返し、さまざまな治療法を試し、本人もご家族も、病気を克服できるようあらゆる手を尽くします。

余命宣告をされてしまった場合は、1日でも長く一緒にいられるよう、ご家族も親身に寄り添っていらっしゃったことでしょう。また、急な病状の変化であっという間に霊界に旅立ってしまう方もいらっしゃいます。

配偶者を亡くされた場合、その配偶者とともにいた時間やその人生のステージでも、ご遺族の思いは違うでしょう。

子育てを終え、やっとこれから2人の時間が始まると思っていたご夫婦。子育て中でこれから一緒に子供の成長を見守り、助けなければならないご夫婦。結婚からまだ間もなく、2人のこれからの未来を描いていたご夫婦もいらっしゃいます。

お子様を亡くされたご両親は、お子様の将来に希望を持たれていたことでしょう。大切なご両親を亡くされた方もいます。

自死によって霊界に帰られる方もいらっしゃいます。ご自身は地上の苦しさから逃れるために自ら肉体を離れる決意をされます。

不慮の事故は天災などで亡くなった場合も同様です。ご遺族の方にとってはあまりの突然の出来事であり、いろんな複雑な感情を整理できない状態となるでしょう。

第1章、そして後述の通り、自責の念、無力感などさまざまなお気持ちを抱かれることでしょう。

霊界に旅立った故人は、その理由は何であれ、無事に霊界におられます。

その新しい住処に馴染むのに時間がかかる人もいますが、その死因・霊界への帰還の理由によって、故人の基本的な性格が変わることはありません。

故人がご遺族との生前の思い出を忘れることも決してないのです。

故人はご遺族のことをずっと感謝し、見守り、応援してくれています。
今もまだ「生きている」存在なのです。

なぜ「死」というものが悲しく辛いのか
～ご遺族の場合

繰り返しますが、「死」は肉体・地上からの卒業であり、故人の魂は、今も地上とは違う次元である霊界で生きています。

これまでのお話で、それを頭では理解していても、心が追いつかないという方も多いでしょう。

ご遺族が悲しく辛いのは、次のようなことができないからです。

- 実際にこの目で見て触れること、声を聞くことができないから

•愛する人に対して、自分に何か他にできることがなかったか、確かめられないから

•自分のせいで愛する人が早く霊界に行ってしまったのか、確かめられないから

私たちは、「地上の目（観点）から見た」喪失感を抱きます。でも、故人には身体はないけれど、魂は生きています。

地上でつながれた愛は、霊界と地上と、住む場所が物理的に別々になったとしても、霊的に切り離されることはない、つまり実のところ「喪失」はないのです。

霊界の魂と地上の魂は、常に一緒にいる、つながっているということです。これに関する理解のギャップが、私たちの悲しさを増幅させています。

グリーフというもの

愛する人を失い、自分でコントロールできない感情を持つのは、特別なことではありません。むしろ普通のことです。

もちろんそんな感情を抱かない人もいますが、それは故人を愛していないということではありません。年齢いかんにかかわらず、さまざまな人生経験を経た上での感情でしょう。

具体的な感情の例は次のページの通りとなります。

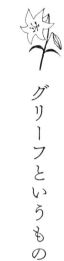

私たちには自由意志があります。こういう気持ちを手放してもいいし、手放さなくてもいいのです。

愛する故人をずっと考えざるをえない状況は、とても苦しいでしょう。でも、無理やりに何とかしなければならないと頑張ることなく、十分にその感情を、つま

感情的	●ショック ●苦痛 ●思慕 ●信じない ●悲しみ ●感情の麻痺 ●怒り ●疑い ●自責 ●恐れ ●空虚感 ●無力感 ●心配 ●苛立ち ●不安 ●孤独 ●安堵 ●平和 ●受容
身体的	●頭痛 ●筋肉の緊張 ●胃の不快感 ●動悸 ●胸の苦しみ ●疲労感 ●睡眠障害 ●食欲不振 ●落ち着かなさ ●麻痺
思考的	●混乱 ●繰り返し思い出す ●自責の念 ●思い出に浸る ●集中力の低下 ●不公平という思考
行動的	●泣く ●愛する人の所有物に没頭 ●日常生活に支障 ●引きこもり ●自己管理に無頓着 ●楽しいことに興味がなくなる
魂的	●神仏に怒りを感じる ●生きている意味がわからない ●「どうして」という問いが止まらない

りグリーフを経験することも、ご自身の魂に必要なことかもしれません。

どうぞ安心してください。私たちが寿命をまっとうした後、故人と霊界で再会します。

私たちはいつも一緒にいる

どんな時に愛する人の気配を感じますか？

それこそ写真に話しかけた時、愛する人がよく座っていたソファーや椅子、座布団を見て思い出した時、何かに困って「ああ、あの人がいたらな」と思い出した時、思い出の場所に行って「あの人はこう言っていたな」と思い出した時……。

思い出すたびに、実は愛する人はそばにいるのです。

愛する方がそばにいると信じきれていない方の中でも、「そういえばそうかも」と思ってくださる方もいると思います。

故人がそばにいるということが実感できない方も普通にいらっしゃいます。ミディアムシップという形で愛する人と再会できても、家に帰って日常生活に戻ると「私にはやっぱり霊界の愛する人が感じられないです」といって悲しくなったり、「私はひとりぼっち」「私は孤独だ」と思ってしまうことがあります。それはグリーフで苦しんでいる方にとってありがちなことです。

故人を感じるというのは、とても繊細な感覚です。魂の存在になった故人は、とても繊細な存在になっています。

一方で、私たちの思考も波動ですが、魂より荒い波動です。いつも愛する人を頭の中で考えていると、なかなかその方の繊細な魂を感じることは難しくなってしまいます。

でも感じられなくても、大丈夫です。頭の片隅に「愛する人はいつもそばにいるのかしら……」と思っておいてください。

なぜなら、霊界の愛する人は地上での性格を持ったままですし、コミュニケーションが上手ではない方は霊界に行っても、その世界に慣れていないうちは、そのままです。

故人にも感情や都合があるので、今の地上の人と交流するタイミングでないな、と思っているからかもしれません。

でもいつか、いつの日か、愛する人の心の準備ができた時、「ああ、これはそばにいてくれている証拠かしら……」と実感する日もあるでしょう。そのタイミングは、ふとした時、気を抜いた時、リラックスした時にくる場合が多いです。

もし愛する方が「死んでしまっているので、私のそばに来るわけない」と思っているのであれば、その考えをいったん、横においてください。

せっかく私たちのそばに来てくださっているのに、その存在を信じてくださらないとしたら、愛する人はどう思うでしょうか。きっと、悲しい気持ちになっているることでしょう。なぜなら、死後もその「魂」は生きているわけですから。
決して地上の「死」の時点でその方の時は止まっているわけではありません。ずっと、生きています。身体がないだけです。地上で行われていた直接的なコミュニケーションができないだけです。

特に、懐かしく良い思い出を思い返している時には、ともに思い出してくれています。悲しい時、辛い時には、常に寄り添ってくれています。どうぞ、そう信じてみてください。

愛する人のサインを受け取ろう

霊界の愛する人は、その存在をあなたに気づいてもらおうと、一生懸命サインを送っています。

例えば、次のようなことです。

•匂い：香水、化粧品や整髪料、好きだった食べ物や飲み物（コーヒーなど）
•声　：名前を呼ばれた気がする、頭の中で会話した気がする
•感覚：そばにいる、部屋のお気に入りの場所にいる

それ以外に、ZOOMで愛する故人の話をしていたら、触ってもいないのに「グッドマーク」が出たり、携帯電話に突然愛する人からのメッセージが入ったりと、驚く方法でご自身の存在をアピールするサインを送ってくれる故人もいます。

もちろん、故人の性格にもよりますし、サインを送るのが不得手な方もいます。

そのサインが感じられるようであれば、どうぞ受け取って、メモしてみてくだ

ワーク

愛する人のサインを受け取る

愛する故人の声や匂いを感じたり、メッセージや感覚などのサインを受け取ったりすることがあったら、書き出してみましょう。

さい。

もちろん、感じられないからといって、悲しくなったり、寂しくなったりする必要はありません。サインが受け取れたらいいな……と軽い気持ちでいるほうが、実は受け取りやすかったりします。

愛する故人の魂が求めていること

私たち地上の人間は、故人がこの地上に戻り、自分のそばにいてほしい、以前通りのコミュニケーションがしたい、と望みます。

でも、それは不可能だということも頭で理解していても、感情的にはどうしても地上の身体、地上での存在を求めてしまいます。

でもそれは、本当に、自分の奥底に潜んでいる「魂」の部分が望んでいることでしょうか？

愛する故人は、今は霊界で元気にしていらっしゃいます。

それはミディアムシップ（霊界通信）で証明できます。

地上から離れる理由が何であれ、今は霊界に落ち着き、そこから私たちを見守ってくれています。

そしていつの日か私たちが霊界で再会することも知っているし、その時が来るのを誰よりも待っているのです。

でも、その時が来るまで
「自分は元気だということを知ってほしい」

「いつもあなたのそばにいることに気づいてほしい」

「自分が地上から離れたことに悲しみすぎないでいてほしい」

「地上の愛するあなたに、元気で過ごしてほしい」

そう願っています。

瞑 想

自分の魂に触れる瞑想

愛する人は、心と経験を合わせた魂という存在になって、いつもそばにいてくださっています。愛する故人のその姿は、私たちの本来の姿でもあるのです。愛する人と同じ魂を、私たち自身も感じることができます。その自分の魂の感覚に優しく触れてみましょう。

どうか霊界の愛する人を信じてあげてみてください。２人の愛は決して無になってしまうことはありません。

魂は永遠に存続する

スピリチュアリズム七大綱領の第四番目（１７１ページ参照）に書かれている言葉をご紹介しましょう。

「The Continuous Existence of the Human Soul」

「魂は永遠に存続する」ということです。

ご自身では実感できないかもしれません。でも故人の魂を感じることで、実は自分も同じような存在であるということ、そしていつか寿命をまっとうし、身体を卒業したら、同じように魂の存在となって霊界に行くと考えてみてください。

あなたも故人も、永遠に存在する魂の存在であるということです。

ではなぜ、私たち魂の存在は、この地上の肉体の中に入っているのでしょう。なぜ人間関係、家族関係、会社関係に悩まされるのでしょう。そしてなぜ、愛する人との死別によるグリーフといった、辛い日々を過ごさなければならないのでしょう。

この地上から離れて楽になりたい、愛する人に会いたい、そういった理由で自死や後追いをすることは決してしないでくださいね。

魂は永遠に進化する道が与えられている

スピリチュアリズム七大綱領の第七番目（173ページ参照）に書かれている言葉もご紹介します。

「Eternal Progress Open to Every Human Soul」

「いかなる魂も永遠に向上する機会が与えられている」ということです。

これはいったい何を意味するのでしょうか。

故人も私たちも、魂の存在です。地上の物質的な身体を持っているかいないかの違いです。

その私たちすべてに平等に「進化」するチャンスが与えられています。いったい何が「進化」なのでしょうか。

それは、魂が愛で輝くことです。目の前の困難や辛いことを乗り越え、無償の愛を与えながら生きることが、私たちの魂を進化させ輝かせることなのです。

今のあなたに当てはめてみましょう。必ずグリーフが癒えなければいけないという決まりもないし、自分に無理やりグリーフを乗り越えるという負担をかける必要もありません。

でも、その悲しみや辛さを乗り越えた先に、いつか魂の進化が訪れ、あなたの魂がキラキラと光り輝きが増します。

そして、霊界にいる故人の無事を祈り応援し、見返りのない愛を送り続けることで、さらにあなたの魂が輝きます。

それは1年後か、5年後か、10年後か、果たしてあなたが地上を離れてからかもしれません。

でも再会してその魂の輝きを見た愛する故人は、「よく頑張ったね」「愛をありがとう」、そんな言葉をかけてくれることでしょう。

スピリチュアリズムの七大綱領とは

スピリチュアリズムの七大綱領（フィロソフィー）というものがあります。

1　神は父である
2　人類は同胞である
3　霊界と地上界の間に霊的な交わりがあり、人類は天使の支配を受ける
4　魂は永遠に存続する
5　自分の行動には責任が生じる
6　地上で行ったことは、善悪それぞれに報いがある
7　いかなる魂も永遠に向上する機会が与えられている

これはミディアムのパイオニアである英国人エマ・ハーディング・ブレテンに

より霊界からもたらされました。１９０１年、私たち「３人のミディアム」の学舎である英国スピリチュアリスト・ナショナル・ユニオンの法人設立時に、その法人の目的として、七大綱領の啓蒙は定款に明記されています。

一見したところ当たり前のような気がするでしょうし、なぜ辛いグリーフに必要なのか、ピンとこないかもしれません。

なぜ、こんなに私たちがグリーフで苦しんでいるのか。
なぜ、肉体が死を迎えるのか。
なぜ、永遠に存続する魂が肉体に宿るのか。
なぜ、私たちは魂の存在なのか。
そしてなぜ、地球が、宇宙が存在しているのか、それは何の仕業か。

その答えがこのフィロソフィーにあります。

このグリーフの中で私たちが今経験しているのは、「魂は永遠に存続する」です。愛する故人はまだ元気に地上と違う次元の世界に生きています。実はその裏には、他の綱領が存在します。

私たちは宇宙の中の小さな星、地球にいます。そもそもどうして宇宙はできたのでしょう。この宇宙をつくった存在が、私たちの魂をつくったのです。

ちょっと難しい話になったと感じるかもしれませんね。

言い換えてみると、こうなります。

人智を超えこの宇宙を創造した《神》(第一綱領)は、私たち一人ひとり、平等に神の一部と自由意志を授けました(第二綱領)。

「霊界に先立った愛する故人」とのコミュニケーション〈ミディアムシップやサインなど〉(第三綱領)を通じて、故人やあなた自身の「魂の永続性」(第四綱領)を証明し、この世は因果律から外れない(第六綱領)という宇宙の法則・霊的真理に気づきます。

そして私たちは日々「自己責任」（第五綱領）に基づき、グリーフなどの目の前にある数々の困難を乗り越え、無条件の愛の実践を行い、そうして地上でも霊界でも、魂の存在として「永遠に成長」（第七綱領）する。そんな存在なのです。

グリーフという辛い経験は、あなただけでなく、霊界の愛する故人にも、地上であれ霊界であれ、その経験がお互いの魂の成長に必要になっているのです。

さらに詳しい内容を知りたい方は、１７０ページをご覧ください。

自分の魂に求められていること

今のあなたに必要なことは、次のことです。

・霊界にいる愛する故人が、地上での死後も、本当に今も変わらず存在すると

信じること
・肉体に伴った苦しみから解放されることを知ること
・故人がいつも見守ってくれていることを信じること
・霊界と地上と、住む場所は違えども、困難を乗り越える勇気を応援してくれること
・そして、ともに魂の成長を願っていてくれていること

これを信じることとです。


今はその時期でないかもしれません。

でもいつか、霊界の故人の愛を感じ、再会を楽しみにしながらも、今を前向きに生きてみませんか。

いつか、いつの日か、そう思える日が来ることを心から願います。

瞑想

自分のスピリットガイドにつながる瞑想

霊界の身内や家族とは別の「スピリットガイド（守護霊・指導霊）」という存在に、私たちは常にサポートされています。霊界の愛する人たちとの関係も、スピリットガイドに見護られています。この瞑想で、あなたのスピリットガイドを身近に感じてください。そして、その深い愛とともに、あなたへの癒しのメッセージを受け取ってみましょう。

ワーク

愛する人からの手紙

気持ちを落ち着けて、紙とペンを用意しましょう。

今の自分に対して、霊界の愛する人が手紙を書いてくれるとしたら、どんな言葉をかけてくれるでしょうか？

愛する故人の言葉を想像し、あなたへの手紙を代筆してみてください。

第4章

愛する人を亡くした人からの質問

Q&A

遺品関係

Q 遺品の整理はどうすればいいか？

遺品整理はなかなか大変な作業です。故人が生前使っていたものや大切にしていたものを粗末に扱うのも気が引けて、処分すべきものでもなかなか手がつけられずにいるという方も多いでしょう。思い出の詰まったものはそのままキープしたいと感じる人も少なくないかもしれません。

遺品整理には特にルールはありません。何時いつまでに整理しなければならないという決まった期間もないです。

ですので、ご遺族にとって物理的にも精神的にも負担のかからないタイミングでなさるのが一番良いでしょう。

物品については、どれほど故人の思い入れがこもったものであっても、ご当人はもうこの地上という物質の世界にはおられませんので、物理的なニーズやその品々への執着もありません。

遺品の中には金銭的価値のあるものもありますが、それも故人にとってはもう無用の長物ですから、どのような品であっても、遺族の負担にならないように、適切な判断で処分してくれていいというのが故人の想いです。

そのままご遺族が活用できるものであれば、形見としてぜひ愛用なさってください。もしくは、故人がご生前親しくなさっていたご友人への形見分けとして差し上げるのもいいでしょう。

そのようにして、故人の思い出とともにその方を偲ぶ想いは必ず霊界に届き、故人も喜んでくださるはずです。

Q 故人は自分の家や部屋に執着はあるのか？

故人の住処は霊界ですから、もうこの世に家や部屋などの居場所は必要ではなく、執着も持っておられません。

先にご説明した遺品整理と同様、ご遺族にとって負担にならないタイミングで、少しずつ片付けていかれるといいでしょう。

Q 故人が生前暮らした部屋が片付けられない

先の「家や部屋への執着」でもご説明した通り、もうご本人はその場所は必要とはしておられません。

死によって肉体を脱ぎ捨てるということは自由になることを意味します。生前の居場所につなぎ止めることは執着させるということですから、故人にとって良いことではありません。

魂の存在になれば、いつ・どんな時でも、好きな時に好きな場所へ行けます。その自由を尊重してあげましょう。

しかし、そうはわかっていても、残された側の心境としては、なかなかそう簡単にはいかないでしょう。

ですから、精神的に大きな負担のかからないよう、少しずつでもいいですから片付けてみてください。

生前の居場所がなくなったからといって、愛する人がそばに来てくれないということなど絶対にありませんので、どうぞその点はご安心ください。

供養関係

Q お墓について

1 故人が生前希望していた通りにしないと成仏できないのか？　または怒るのか？

死は肉体からの離脱ですから、ご遺骨にその方の魂が宿るわけではありません。生前にあれこれ希望しておられることがあったとしても、それはあくまでこの世におられた時のことですから、その通りにできなくても決して怒ったり、行くべきところへ行けなくなったりするようなことはありません。

実際に亡くなって霊界へ帰って、逆にそのような自分の生前のこだわりが遺族の負担になりはしないかと気になさるケースも少なくありません。

最近では、後々のことを考えてお墓を持たない選択をなさるご遺族も多いですし、海への散骨や自然に還す樹木葬など、実際にさまざまな葬送の形があるようです。

いずれにしても、ご遺族にとって負担にならない一番良い方法をご検討なさるのがいいでしょう。

2 遺骨は（寂しいから手放したくないので）ずっと手元に置いていてもいいのか？

この世にいる私たちにとっては、どうしても目に見えて触れられるものにしか実存性を感じられないので、たとえそれが亡骸であっても、故人の遺骨が「その人」という印象になってしまいがちです。

ですが、遺骨に魂は宿りません。宿ってはいけないのです。そして、その遺骨に対する遺族の執着心は、故人にとっては足枷のようなものですから、嬉しいことではないのです。
ですから、ご遺骨も遺品の整理などと同様、ご遺族にとって負担にならない時期と方法で埋葬して差し上げたほうが故人も落ち着かれるでしょう。

Q 愛する人はお盆にしか、家に戻ることができないのか？

答えは「ノー」です。もし、お盆にしか帰れないのであれば、故人とコミュニケーションをとるためのミディアムシップもお盆にしか行えないということになってしまいます。

第2章で死後の世界についてはご説明しましたが、霊界は遥か彼方の遠いところにあるのではなく、この世と融合しています。そして、この世から霊界へと帰還した愛する人たちは、いつも私たちのそばにいてくださいます。ですから、お盆にしか会えないわけではありません。

Q 先祖供養で故人が報われるのか？

霊的真理、すなわち自然の法則においては、私たちそれぞれの人間に自己責任というものがあります。スピリチュアリズム七大綱領の第五番目（172ページ参照）です。これは、この世で生きている間だけではなく、故人となって霊界へ住処を移しても同じです。

ですから、故人に対して何かの報いが必要であっても、それはあくまでその人自身の責任として、その人が自ら霊界で行わなければなりません。どれほど近い親族や血縁関係のご先祖であったとしても、その方々への供養が故人となられた方の状態を左右することはないとご理解ください。

Q 分骨は、亡き人の魂に影響はあるのか？

ご遺骨については先にも述べた通り、そこにその方の魂としての存在性はありません。ですから、分骨によってその故人に何らかの影響が及ぶということもないと理解できます。

Q 成仏できていないかどうかは、どこでわかるのか？

成仏、すなわち霊界への帰還を意味するのだろうと思いますが、死によってこの世を離れて霊界へ行けない魂は存在しません。つまり、成仏できない人はいないということです。

この宇宙に存在するものすべてはエネルギーです。エネルギーには波動（エネルギーのバイブレーション）があります。そして、波動には法則があって、同等の波動としか同調できません。

肉体を持っている時の波動は粗くて重く、この世（地上界）の波動も粗くて重いです。

ですが、死によって肉体を脱ぎ捨てると、もうその瞬間から波動は繊細で軽やかになります。そして、粗くて重い地上界の波動とは馴染めなくなるので、軽やかで繊細な美しい波動の霊界へと移行（すなわち「成仏」）するのです。

Q 仏壇・お位牌・戒名は必要なのか？

結論からいいますと、答えは「ノー」です。これらはすべて日本に伝わる仏教的習慣です。

戒名やお位牌がなくても故人が霊界に行けないわけではありませんし、仏壇も、あくまで故人を祀る1つの形式であって、故人が必要とするものではありません。仏壇の中に故人が入って暮らすことなど絶対にないからです。

ただ、ご遺族の心の平穏のために、昔からの習慣に沿った形として、戒名の入ったお位牌の収まったご仏壇が必要ということであれば、もちろんそのようになさっても構いませんが、絶対に必要というものではないとご理解ください。

Q お供物はどうすればいいか?

特に決まったルールがあるわけではありません。

霊界におられる故人にはもう肉体がありませんから、飲食で栄養を摂る必要はありませんし、物品や金銭が必要でもありませんから、故人のためにあれこれお供えをする必要はないといえます。

ですが、故人に何かお供えしたいというその「想い」は必ず届きます。形ではなく、心が大切なのです。

アニバーサリー(記念日)や誕生日などの特別な日には、その方の生前の好物をご遺族が召し上がりながら、楽しい時間をお過ごしになってはいかがでしょう。ご遺族の気持ちも和みますし、そばには必ず愛する人が一緒におられて、笑顔で皆さんを見守ってくださっているはずです。

Q 法事をしないと霊界で暮らしにくくなるのか？

法事については、先述の仏壇や位牌と同じく日本に伝わる仏教的習慣です。他の宗教、例えばキリスト教などには法事という習慣はありません。

もし法事をしなければ故人に何か不都合なことが起こるのであれば、キリスト教信者の方々は霊界で大変な苦労を強いられるということになってしまいますが、いうまでもなく、決してそのようなことはありません。

先のお供物の話と同様、要は形式ではなく「心」なのです。

決まった時だけ大層なことをするのではなく、日常的に、ごく自然に、愛する人に純粋な感謝とともに心を向けながら過ごしましょう。

Q 葬儀や法事に僧侶とお経は必要なのか？

これも答えは「ノー」です。実際、近頃は全く宗教色のないお葬式を行われる方も多いと聞きます。もちろん、それによって故人に不都合が起きるわけでもありません。

要は、送る側となるご遺族が少しでも心穏やかに愛する方とのお別れの時間を持てるかどうかが大切なのです。形式にこだわる必要はありません。

Q 家に飾る故人の遺影は葬儀の時につくったものでなくてもいいのか?

はい、もちろんです。どうぞ、その方の一番良い時・良いお姿・良いお顔のお写真を飾ってあげてください。故人も自分の一番ナイスな姿をご遺族に見ていてもらいたいと思っておられるはずです。

生活の変化に関して

Q 引っ越してもいいのか？

故人の知らないところへ遺族が引っ越してしまうと、場所がわからないので帰って来られなくなると心配なさる方がおられますが、決してそのようなことはありません。ご安心ください。

故人は霊界からこちらの動向を見て、すべて理解していますし、肉体のない純粋な魂（エネルギー）ですから、いつ・どんな時でも、遺族のことを思えば、その瞬間に、たとえ遺族がどこにいようと、すぐそこへ行くことができるのです。

Q 写真に話しかけているけれど、聞こえているのか？

はい、必ず聞こえています。というより、たとえ声に出さなくても、あなたの思っていること・感じていること・考えていることは、瞬時にテレパシーとして受け取っておられます。

どうぞ、愛する人と思う存分、お話しなさってください。

Q 新しいパートナーをつくったり、再婚したりしたら、霊界の人は悲しむのか？

いいえ、そんなことはありません。故人が何より望んでいるのは、残された遺族の幸せです。

自分のパートナー・妻・夫・子供・両親が、亡き自分をいつまでも悼んで悲しみに暮れていることを、決して嬉しいとは思いません。誰だって、自分の愛する人・大切な人には、常に笑顔で幸せにいてもらいたいと願うからです。

故人は霊界へと居場所を移していますから、この世での役目を終えたことを理解しています。つまり、肉体的・物理的に自分にできることはもう何もないことを理解しているということです。

ですから、後に残った自分の愛する人が、他の人とまた一緒に幸せに過ごし、この世での生活を楽しんでくれることは、とても喜ばしいことなのです。

きっと新たなお相手に「この先はよろしく頼みます」とあなたを託し、2人のこれからの毎日を応援しながら見守ってくださることでしょう。

Q 故人から届くサインにはどのようなものがあるのか?

これについてはさまざまなパターンがあると思いますので、いくつか例を挙げておきます。

- ふと見た時計の数字や目の前を走っている車のナンバーが、その人にちなんだ数字（例えば誕生日や記念日など）だった
- 故人に聞きたいことを考えながら街を歩いていたら、ふと見上げた看板の文字がまさにその答えだった
- 何気なく開いた新聞や雑誌に、その人の口癖だったひと言や、今まさに聞きたかった言葉が載っていた
- その人のことを思いながらラジオをつけたら、2人の思い出の曲が流れてきた
- スマホやパソコンに、いきなりその人の写真やメッセージらしき言葉が現れた
- その人を想って1人で静かに座っていたら、その人がすぐそばにいるような気配・温もり・触れられているような感覚を感じた
- じっと見られているような感覚を覚えた
- ふとした瞬間に、名前を呼ばれたり、声が聞こえたような気がした

Q 霊感がなくても、故人からのサインを受け取ることはできるのか？

はい。この世に生きる私たちも本質は魂ですから、霊感の有無に関係なく、誰でも故人とつながることはできるのです。

霊界からのサインに関しても、自分には霊感がないからとあきらめてしまったり、何か感じても錯覚だろうと思ってしまわずに、オープンマインドでいてください。そして、もし何もなくてもあきらめてしまわずに、根気よく「何かサインを送って！」とお願いしてみてください。

きっとあなただからわかる何かが起こる日が来るはずです。

ミディアムシップに関して

Q ミディアムシップで愛する人に会いたいのだが、時期は関係するのか？

基本的に、故人とのコンタクトをとる時期に決まりはありません。
亡くなったばかりですと、故人がまだ霊界に落ち着いておらず、そのエネルギーが不安定であり、しっかりとミディアムとつながることができない可能性がありますので、初めてセッションを受けられる方は、霊界に旅立たれた故人のこと、ご遺族のお心の状態を考慮すると、セッションのお申込みは死後数か月経過してからをお勧めいたします。

Q

亡くなった母は霊能者の方に「私が原因で自殺した」と恨みつらみを伝えてきた。それは本当のことなのか？

お亡くなりになられた方は、地上生活の精神肉体両面の苦しみからもうすでに解放されているため、とても穏やかに過ごされています。

実際にミディアムシップを行っても、どの故人も愛を持ってやって来られます。お亡くなりになられた方は「愛の存在」として存続しています。故人は恨みつらみを伝えに、わざわざミディアムシップには来られませんので、どうぞご安心してください。

Q

スピリチュアリズムを学ぶと、より霊界の人とつながれるのか？

スピリチュアリズムを学べば、霊的な能力が発揮できるようになるとは必ずしもいえません。しかし、スピリチュアリズムの学びを通じて霊界のことを正しく、またより深く理解することはできます。

故人にとっても、自分のいる世界をわかってくれるのは嬉しいことです。ご遺族も霊界がどのようなところかを知ると不安や心配が軽減し、ポジティブな想いを故人に向けることができるようになるので、お互いの距離感がより近いものに感じられるでしょう。

Q ミディアムを介することなく遺族の想い（故人への感謝や謝罪など）を伝えることはできるのか？

十分にできます。場所や時間は関係ありません。愛する人に思いを届けたいと思った瞬間にその思い「愛の念」を送りましょう。

愛する人はあなたのその愛の念をその瞬間にしっかり受け止めています。

死後の霊界での生活に関して

Q 自死に関して（自殺したら暗いところに行くのか？）

確かに、自死した霊は右も左もわからない暗いところに行くといわれています。自分で寿命を決め、神の分身としてその魂の修行のために地上に降りてきたのに、それを自分自身の意思でその地上人生に終止符を打つことは、ある意味、神の意思に反することでもあります。

ただ、永遠に暗いところにいるとは限りません。

地上の私たちは自死した故人を心配しますね。どうしているのか、大丈夫なのか、そういった思いが、一筋の光となって、暗い世界にいる故人に必ず届きます。

そして故人は自分の過ちや地上の人の思いに気づきます。

ミディアムシップでは、自死した故人の方もよく来てくださいます。暗い世界に居続けたら、決して来てくれることはないでしょう。

そして、「私はもう大丈夫」「元気でいるよ」というメッセージを伝えてくれます。もうそれ自体、暗いところには居続けていないという証明になりますね。

Q 自分が死んだ時、会いたい人は迎えに来てくれるのか？

ご自身が地上世界を卒業した時は、会いたい人が待ってくれています。

自死した故人でも、前述の暗い世界から抜けたら、会いたい人に会えます。

その死因が自死であれ、病死であれ、突然の出来事であれ、先に霊界に旅立っている方たちは私たちをずっと見守ってくれていて、その地上生活を心から応援し、その霊界での再会を心から楽しみにしてくれています。どうぞその時を心待ちにしていてください。

Q 自死した故人は、自分が死んだことやその理由を、生前仲の良かった仲間や友人たちに伝えてほしいと思っているのか？

これは難しい問題です。なぜなら、故人が地上の愛する人に伝えたいことしか、ミディアムは感じることができないからです。

ミディアムは、故人が伝えてくれることしか感じることはできません。自死だった場合、自死の理由を伝えてくれることは、実際のところ、稀れです。時には、自分が自死したことさえ伝えてくれないこともあります。

故人の魂は今も生きているので、言いたいこと、言いたくないことは、その故人の意思です。故人にも、肉体の死後でも、その自由意志はあります。

地上に残された遺族は、その自死の理由を知りたいと思うかもしれませんが、それを伝えてくれるか否かは、故人次第、ということです。

Q 死後の世界にも恋愛はあるのか？ 霊界に行ったパートナーが新しい相手を見つけることはあるか？

死後の世界には、地上のような恋愛はありません。物理的に相手の方とそばにいたり、物理的に愛し合ったりという世界ではないということです。物理的な肉体を超えた世界にいるからです。

Q 四十九日経たないと、ミディアムシップで愛する人に会うことは難しいのか？

そんなことはありません。四十九日というのは、日本的な仏教概念です。外国人とのセッションではあまり感じないことです。

ただ、日本人であった故人が仏教的概念を信じている場合で、その故人の意思で四十九日経たないと、ミディアムシップに来てくれないということはあるでしょう。

Q ペットも会いに来てくれるのか？

もちろんです。懐かしい思い出とともに、再会をとても楽しみにしてくれていることでしょう。

Q 霊界にいる魂は、生まれ変わっていなくなってしまうのか？

そんなに早く輪廻転生することはないでしょう。故人は地上に残された愛する人すべてがその人生をまっとうするまで見守っています。

地上の愛する人がみな霊界に来てしまったら、もう見守る必要もないので、次のステップに行きます。それが輪廻転生の準備かもしれません。

ですから、霊界の魂はまだまだ霊界から私たちを見守ってくれています。

Q 認知症や事故で脳を損傷した人は、霊界でもそのままなのか?

物質的身体の一部である脳は、マインド（思考）の入れ物です。たとえ損傷したとしても、魂は健全で、自分の周りに起こっていることをすべて知っています。

例えば、10年間認知症を患った後に他界したお祖母様が、お孫さんに会いにミディアムシップに来てくださりました。

生前はお孫さんのことを認識できなかったのですが、お孫さんが彼氏を連れて来てくれたこと、海外旅行のお土産のお菓子を持ってきてくれたことなどをしっかりとお伝えしてくださりました。
魂の存在となったら、もう脳という物理的なものの損傷など、関係なくなっています。

Q 病気で苦しんだ人は、まだ苦しみ続けているのか？

病気は物理的な身体の不調です。身体が痛みや苦しみを感じるのです。身体を卒業したら、その痛みの原因はありませんので、苦しみ続けることはありません。逆にとても元気になります。

Q 亡くなった人から遺族はどのように見えているのか？

故人は遺族の方を霊界から愛を持って見守ってくれています。遺族の方が何をしているのか、何を考えているのか、見守ってくれています。

もちろん、遺族の方がグリーフで苦しんでいるのも知っています。何か自分にできることがないか、どうやったら愛する人がグリーフから立ち直ってくれるのか、心配しています。自分のことでこんなに悲しまないで、そう思っていることでしょう。

Q やりたいことがたくさんあった人が突然亡くなった場合、この世に未練を残しているのか？

地上でやりたいことがたくさんあった人が突然霊界に行ってしまった場合、しばらくは、「ああ、あれをしてみたかったな」と思うかもしれませんが、実はそこまで地上でのことに執着をしていません。

霊界は素晴らしい光の世界です。そこでは地上でやり残したことも、故人自身のマインドの中ですることもできます。

Q 突然亡くなった方は、自分が亡くなったことに気がついているのか？

突然の事故、天災などで亡くなった方は、急に身体から引き離され、身体に戻れない事態になるので、最初はご自分の状況に戸惑うことでしょう。

そのうち、通夜、葬式、火葬と進むうちに、だんだんご自身の置かれている状況を理解するようになります。

そしてご自身の地上での肉体の死を実感したら、その方の魂は霊界へと戻っていきます。

Q 愛する人が亡くなった年齢から、自分だけが年を取ることになるが、霊界で再会する時、お互いを認識できるのか？

もちろん、再会した時にお互いに認識できます。肉体は年を取りますが、魂に年齢はありません。お互いに元気だった姿や会いたい姿で再会できることでしょう。

Q 故人はまだ幼く、身内で亡くなった人がいないので、あの世に知り合いがいないが、孤独になっていないか？

大丈夫です。決して孤独になってはいません。身内で先に霊界に旅立った方がいないとしても、その故人のスピリットガイドや、幼い魂をお世話したい霊界の方々が、しっかりと面倒を見てくださいますので、大丈夫です。

その方と再会する時には、きっと若干成長していらっしゃることでしょう。

Q 霊界では何をしているのか、どのように暮らしているのかを知りたい

霊界に行った故人は、ご自身がやりたいことをするといわれています。実際の

ミディアムシップでそのご質問を受けることがあります。

旅行が好きな故人は世界中の行きたかった場所を旅行しているようです。身体という物質的な縛りがないと、電車・飛行機にも乗らずに好きなところに行けるようです。

学校の先生だった方は、霊界の教室で高校生の魂に授業をしているようです。天職だったのですね。地上での大作曲家たちは、霊界でも新曲をつくっているようです。

地上で医療従事者だった方々は、霊界から私たちのスピリチュアル・ヒーリングの手助けをしてくださっています。

故人は霊界でしたいことをしています。どうぞ応援してあげてください。

心の問題

Q 後追いをしたい気持ちが募る

故人との愛とその絆が大きければ大きいほど、そのような思いを抱くこともあるかと思います。そのお心の痛みはとても理解できますが、自分で命を絶ったとしても、愛する人とすぐに会えるかどうか、確証はどこにもありません。

そして、自ら命を絶つという行動は霊界に行ってその責任を自分で刈り取らなければならないのです。そのような気持ちが湧き上がった時は、どうか誰か（「いのちの電話」などのサービス含む）にコンタクトをとってみてください。決して1人で抱え込まないでください。

Q 年末・年始、誕生日などの記念日が辛い

年末・年始、誕生日などの記念日が近づくと、とても気持ちが不安定になったりする心の反応は、死別を体験したほとんどの方が抱える辛さです。思い出の日が近づく少し前から、そのような気持ちが始まります。

その日を迎える前から、信頼、もしくは安心できる誰かと一緒にいてもらうように計画をしておくことで、心の辛さが緩和するでしょう。

Q ペットが亡くなり、孤独感が辛い

ペットは大切な家族です。あなたの喜び悲しみを共有した大切な存在です。どんな時もあなたのそばにいて無条件の愛を注いでくれた愛と愛の絆で結ばれた大切な存在であるからこそ、孤独感が増すのは自然なことです。

しかし、愛するペットはいつもあなたのそばで、今までと変わらずあなたに無

条件の愛を送り続けています。

いつもの定位置であなたを守ってくれているのを、そっと目を閉じて想像してみてください、きっとペットの柔らかなぬくもりがあなたの心に伝わってくると思います。

Q 会いたい気持ちが止まらないのは、ダメなことなのか？

会いたい気持ちが止まらないという心の状態は、とても普通のことです。

もうあの笑顔が見られない、触れることもできない、話しかけても返事がないと思うその状態が、会いたいという思いを膨らませていきます。

会いたいという気持ちを心にとどめず、その気持ちを大切なノートや携帯の日記アプリなどに、書き綴ってみてください。愛する故人に伝えたいその気持ち、どうしても言えなかったひと言、謝りたいことなど、その思いを全部書き出してみてください。

たった一行でも構いません。ひとつも無駄なことなんてありません。
なぜなら、その思いはすべて愛する故人に、書いた瞬間に届いているのです。
肉体を持っていてもいなくても、その愛は永遠に育んでいくことができます。

Q 愛する人の夢は自分の妄想か？

愛する故人が夢に出てくるのは、決して妄想ではありません。
あなたのことを愛し励ましたいと思っているからこそ、夢に現れてくれるのです。

Q 愛する人とコミュニケーションを取る手段はあるのか？

人はみな霊界に旅立つと、声帯を通してコミュニケーションを取るのではなく、テレパシーでお互いにコミュニケーションを取るようになります。

愛する故人とのコミュニケーションも、言葉を交わすのではなく、頭の中にふと言葉がよぎったり、故人の思いを感じたりすることが、コミュニケーションとなります。

生きている人と、愛する人・故人とのコミュニケーションの方法はたくさんあります。どれが適しているのかは、人それぞれ異なりますので、もしよろしければ次の内容を参考にしてみてくださいね。

いずれもすぐに実感があるわけではありません。気持ちをなるべくリラックスさせて、過度に期待せず、気長に続けてみることがコツです。

①愛する人がいると思って日常会話をしてみる。ふとその方の気配を感じることがある

②写真に向かって話しかける。その後、目を閉じて心を静寂にして、どんな故人の思いがあなたの心に伝わってくるか観察する

③音源を使って瞑想をする（88ページ参照）

④愛する人との交換日記。素敵なノートを1冊用意する。まず1日目は愛する

人に自分が交換日記を書き綴ってみる。翌日もしくは数日後、愛する故人が、「今、自分になんと問いかけているのか」と想像しながら、感じたことをそのまま書き綴ってみる。一行でもよい。気が向いたら続けてみる

こうした内容で伝わってきたことは、すべて愛する人からの思いなのです。妄想ではありません。

「あの人だったら、いったいなんて言うだろう?」とあなたが想像したことを、愛する人はわかっています。そして、すべて愛する人は愛の思念で、その答えをあなたに送っているのです。

Q 配偶者を亡くしているより、子供を亡くした私のほうが辛い

ご生前の絆の大きさが、死別の心の痛みの大きさに関係しますので、愛の絆が大きければ大きいほど、関係性にかかわらず、グリーフは辛いものなのです。

Q 私が治療法や病院を間違ったために、愛する人は霊界に行ってしまったのか？

すべての方が、一瞬一瞬、その時のベストを尽くして生きています。

愛する人のために、その人が救われるようにと決めたその愛の選択で、愛する人の寿命が縮まることはありません。また人間一人の力で、誰かの命を縮めることはできないのです。

Q 他の家族の夢には出てくるのに、私の夢には出てきてくれないのはなぜ？

これは、あなたの普段の夢の頻度や、霊界に旅立たれた故人のご意思や得意不得意などいろいろなものが関係していると思います。

夢に出てきてほしいと懇願するあまり、その時は夢に出てきてくれなくても、その気持ちを手放したころに、突然、愛する故人が夢に出てきたというお話も聞いたことがあります。

悲しまず、いつか出てきてくれたらいいなという気持ちを少しだけ持つように心がけてみてくださいね。

Q 愛する人の寿命は決まっていたのか?

人間の寿命はある程度決められているといわれています。その1人の人間の寿命を延ばしたり縮めたりすることはできないともいわれています。

Q 早死に家系は実際に存在するのか?

同じ体質や遺伝子を持つことはあるかもしれませんが、その方の生き方、思考、心の状態、生活、人生、またある程度決められた寿命によって命の長さが決まってくると思います。一括りに早死にしてしまう家系とはいえません。

スピリチュアル・グリーフケア参加者の感想

「3人のミディアム」によるスピリチュアル・グリーフケアのワークショップにご参加くださった方々からの感想をご紹介します。あくまで一部のお声を抜粋したものではありますが、ご参考になればと思います。なお、お名前のイニシャルの後に、対象となる故人との関係性を記させていただきました（敬称略）。

1

エネルギーを感じるのは初めての体験で驚きましたが、自分1人ではないことがわかって、前向きになろうという気持ちになれました。

埼玉県N・K（夫）

2

夫も私も同じように魂だということに気づきました。身体がなくて物理的には寂しいですが、2人の関係は何も変わらないことがわかって自信がつきました。

新潟県M・N（夫）

2

どのような亡くなり方をしても、霊界に行って癒されるとわかり安心しました。また、自分自身の今後の人生に対する不安や恐れが軽減したようにも感じます。

神奈川県S・M（息子）

3

夫の死による悲しみと寂しさで、彼の楽しく明るい性格をも忘れてしまいそうになっていましたが、今回のワークショップを通じて「彼ならこうする」「きっとこう言う」と思えるようになり、彼の存在が前より近くに感じられるようになりました。

兵庫県R・N（夫）

4

5

故人は遺族のことを見守り応援してくれるのだということがわかり、私も何かの形で誰かの役に立ちたい、娘が喜んでくれる生き方をしたいと思えるようになり、その一歩を踏み出す勇気が得られたように思います。

兵庫県Y・H（娘）

6

夫が亡くなってから自分の感情がなくなったように感じていましたが、ワークショップの2日間の体験で心の中の温度が上がったように思います。たくさんの夫との思い出を辿ることができたことが嬉しく、守られている実感も体験できました。

東京都S・S（夫）

7

瞑想の時間に感覚的に伝わってくるものがありました。亡くなっていなくなってしまったのではなく、そばにいつもいてくれることがわかりました。自分にもその時がきて、霊界で「お帰り」と迎えてもらえるまで、しっかりと生

7

きていきたいと思います。

大阪府　Ｈ・Ｕ（息子）

8

娘は今も存在している。目には見えなくても、いつもそばにいてくれる。メッセージも送ってくれているのだと知ることができ、救われた思いです。これからは娘の死を悲しむばかりではなく、前を向いて娘と一緒に生きていこうという気持ちになりました。

千葉県　Ｍ・Ａ（娘）

9

必ずまた会えるから、早く元気になろうと無理せずに、自分のペースで人生を歩んでいけばいいのだということに気づきました。そのためにも、もっと魂のこと（霊的真理）を学んで、地上でいろいろなことにチャレンジしていきたいです。こんな風に思えるようになったのも、いつも娘が一緒にいてくれることがわかったからだと思います。

広島県　M・S（娘）

10

死は終わりではないことがわかってホッとしました。これからは、再会の日を楽しみにしながら心のアンテナを張って、自分の周りで起こる出来事の中から〝故人からのサイン〟を見つけていこうと思います。

東京都　Y・H（夫&息子）

11

寂しさや会いたい気持ちがなくなることはありませんが、せっかく息子がそばにいてくれるなら、後悔や自責の念で「ごめんなさい」と謝ってばかりいないで、「元気?」「そっちはどう?」と、普通に話しかけながら過ごしていこうと思います。そうすれば、きっと〝息子からのサイン〟にも気づけるでしょう。

兵庫県　M・T（息子）

✷ The Spiritualists' National Union

私たち3人のミディアムが所属するイギリスのスピリチュアリスト・ナショナル・ユニオン（SNU）は、非営利の慈善団体として1901年にイギリスで設立されました。スピリチュアリストのグループとしては世界最大級とされています。

SNUの活動内容にはミディアム、ヒーラー、講演者、教師の育成、及びイギリス全土のスピリチュアリスト教会の支援などがあり、ミディアムシップをはじめとする霊的現象の科学的研究にも参加しています。

私たち3人の出会いのきっかけとなったのも、このSNUの傘下である専門教育機関のアーサー・フィンドレイ・カレッジ（ＡＦＣ）でした。

✴ The Seven Principles of Spiritualism（スピリチュアリズムの七大綱領）

スピリチュアリズムには「七大綱領」という、スピリチュアリズムの基本となるものがあります。

これは、ミディアムのパイオニアであるエマ・ハーディング・ブリテン（１８２３〜１８９９年）によってもたらされ、１９０１年のＳＮＵ法人設立時にその定款に記されました。

七大綱領はとても深い魂の哲学を伝える内容です。

これによってスピリチュアリストは霊的真理を理解し、魂の進化向上を念頭に、この世での人生のナビゲーションとしても役立てつつ生きることをモットーとします。

✷ スピリチュアリズムの七大綱領とは？

一、神は父である（The Fatherhood of God）

私たちの周りで起こっているすべてのことを支配している原因と結果の法則を理解することによって、宇宙には創造の力があることがわかります。この力は宇宙全体、そしてそこに存在するすべての形態の生命そのものを創造し維持し続けています。私たちは、この力を「神」と呼び、神が創造した生命の一部である私たちにとっては親のような存在、つまり「すべての根源」であると理解します。

二、人類は同胞である（The Brotherhood of Man）

私たちは皆、「神」という普遍的な生命の源から生まれました。ですから事実上、私たちは血縁があろうとなかろうと、1つの神聖な家族であり共同体であり、全人類が兄弟姉妹のような存在なのです。

三、霊界と地上界の間に霊的な交わりがあり、人類は天使の支配を受ける（The Communion of Spirit and the Ministry of Angels）

死後の生を信じるだけではなく、ミディアムシップによって実際に霊との交信が可能であることを証明しています。また、霊界には人類のために献身的に福祉や奉仕に携わり、私たちを常に見守り、癒しを送り続ける聖職に全力を尽くす霊人（スピリットガイド）の存在もあります。

四、魂は永遠に存続する（The Continuous Existence of the Human Soul）

「神」のエネルギーは、私たち人間が創ることも壊すこともできません。これは古くからの科学的な公理であり、自然の法則です。私たちの本質である魂はエネルギーですから、破壊されることも消滅することもありません。肉体の死後も魂は地上界とは異なる次元の霊界で、この偉大な宇宙の不可欠な部分として永遠に存続します。

五、自分の行動には責任が生じる (Personal Responsibility)

私たちには何が正しく何が間違っているのかを認識・判断する能力が与えられています。そして、その判断によってどのように行動するかという選択の自由(自由意思)もあります。しかし、その選択によって得られる結果への責任も自分自身にあるということを理解しなければなりません。

六、地上で行ったことには、善悪それぞれに報いがある (Compensation and Retribution Hereafter for all the Good and Evil Deeds done on Earth)

これは「原因と結果の法則」、つまり「因果律」です。ただし、この法則が働くのは霊界に帰ってからだけではありません。この地上界での日々の暮らしにも作用していることを理解して、この世を去る前に自分の生き方を改め正そうとする意識を持つことがとても重要です。

七、いかなる魂も永遠に向上する機会が与えられている
(Eternal Progress Open to Every Human Soul)

人間には進歩したいという願望があります。そして、私たち人間の魂には神の智慧と愛の中で進歩する力が備わっています。ですから、成長の道を進もうとすれば、誰にでもその機会が与えられるのです。進歩のレベルは人それぞれに異なりますが、私たちの魂は永遠の存在ですから進歩への道も永遠に、いつでも開かれているのです。

＊　＊　＊

ここでは簡単な説明だけにさせていただきましたが、詳細にご興味のある方はぜひとも次の書籍をお読みくださることをお薦めいたします。

『スピリチュアリズム「セブン・プリンシプルズ」』佐野仁美・著（現代書林）

また、私たち「3人のミディアム」それぞれにスピリチュアリズムのフィロソフィーの講座を提供しております。情報の詳細は各ホームページをご参照ください。

おわりに

テリー髙橋

私たち「3人のミディアム」が毎年12月に開催させていただくスピリチュアル・グリーフケア・ワークショップ。ちょうどその3度目の開催を迎えるタイミングで、この本が出版される運びとなりましたことに大きな喜びを感じます。

2001年秋、私も母を亡くしてグリーフの苦しみを体験しました。

死後の世界があることは幼い頃からわかってはいましたが、それはあくまで感覚的なもの。真の理解には及んでおらず、それが抑えきれない悲嘆の原因になっていたことが、今となってははっきりとわかります。

幸いにも私の場合は、悲しみに暮れる様子を見かねた母が、ある夜、私を訪ねて来ました。いわゆる霊的現象です。

その時に母が真っ先に伝えてくれたのは、がんで傷ついた肉体から解放されて、完璧な健康を取り戻したということ。それどころか、若くハツラツとした何十年も前の母に戻った様子で、「だからあなたも元気を出して頑張りなさい！」とハッパをかけ、励ましてくれたのです。

そして母は私に膝枕をしてくれ、私は大きな安堵感とともに深い眠りに落ちました。その翌朝、私はそれまでの心の痛みが嘘のように消えていることに気づきました。

そして、このような体験を必要とするグリーフの渦中にある人が、いったいこの世にどれほどいるのだろうか……。何とかしてそのような方々のお役に立つことはできないものか……。

これが、私がミディアムへの道を歩み始めた理由です。

死は自然の摂理です。何をもっても避けられません。ですから、死をどのように理解するかで人の生き方は変わります。

そして、この世の遺族がしっかりとそれぞれの人生を歩んでくれることが故人にとっても癒しとなり、その方の霊界での新たな生活が満たされたものになるのです。

この本が、どうか1人でも多くの方にとって、正しい死の理解への一助となることを願っています。そして、この本を手にしてくださる方々の健やかな日々を心よりご祈念いたします。

最後に、この本の出版に際してきめ細かなアドバイスをご提供くださった現代書林の松島様、「3人のミディアム」としてともに活動を続けてくださっている佐野仁美さんと安斎妃美香さん、そして私のミディアムとしての道のりを常に大きな愛とともに見守りサポートしてくださるすべての存在に深く感謝申し上げます。

おわりに

佐野仁美

2022年、2023年と、「3人のミディアム」による2日間の「スピリチュアル・グリーフケア・ワークショップ」を行ってきました。このワークショップは、その後オンラインで3回、参加者さんに対してフォローアップをさせていただいています。

グリーフが再び辛くなってしまう方もいらっしゃいますが、徐々に皆さんが前を向いて歩き始める姿を拝見し、「このグリーフケアは間違っていない」と確信しました。

そうはいっても、実際にワークショップに来られる状況にある方は限られています。距離的に遠かったり、家庭や仕事の関係で時間が取れなかったり、その他の理由で現実的に参加できない方も多いでしょう。

どうにかして多くの方に、ワークショップの内容を伝え、ワークや瞑想を体験していただきたいと思うようになりました。
そんな中、私の前著の編集担当であった現代書林の松島様に「こういう内容のグリーフケアの本に興味がありますか」とお伺いしたところ、前向きなお返事をいただきました。であれば出版し、ワークショップに来られない方にもその内容を感じていただきたいと、テリー髙橋さんと安斎妃美香さんにお話しをして、本書の発行に至りました。

辛い日々、忙しい日々をお過ごしかもしれませんが、どうぞお時間をとって、瞑想やワークをやってみてください。
きっと何らかの気づきがあると私は信じています。それが、あなたのグリーフを癒す、その一歩となると私は信じています。

グリーフの気持ちは永遠ではありません。愛こそ永遠です。たとえ2人の住む世界が違ったとしても、その愛を感じ信じることができますように……。

末筆ながら、相変わらずの遅筆を辛抱強くお待ちくださり、素晴らしい1冊にしてくださった現代書林の松島様、また私と志をともにし、歩んでくださっているテリー髙橋さん、安斎妃美香さん、そして見守ってくださっている家族や友人に感謝を申し上げます。

おわりに

安斎妃美香

本書を最後までお読みいただきましてありがとうございました。

私自身もグリーフの経験者です。私が5歳から11歳までに、両親、祖父母がすべて他界してしまいました。

長い間、愛に飢え、孤独に苦しんだ人生を送っていました。挙句の果てには「なぜ生まれてきてしまったのだろう」と、自分がこの世に生を受けたことにさえ、後悔しながら過ごしていました。

何十年も死別のグリーフが癒えることはありませんでした。

今思いかえせば、5歳の私は他界した母の声をよく耳にして、その存在を感じていました。そのことがすでにミディアムシップとの出会いであり、始まりであったのかもしれません。

2013年、私の人生に転機が起こりました。それは、ミディアムシップ、霊界の愛と真実に触れたことです。翌年には、霊界に旅立った愛する家族はいつも私のそばにいてくれている、そして私を忘れてはいなかったのだと、実感することができました。それは長い間、私が闘い続けてきた孤独と生きる恐怖から救われ、報われた瞬間でした。

きっと本書を手にしてくださっている方の中には、私と同じ思いで苦しんでおられる方も多いのではないかと思います。本書に出会われた方々が、少しでも霊界の愛に触れ、癒されることを心よりお祈り申し上げます。

〜霊界へ旅立った人は、いつもあなたとともにあります〜　Eternal Love

最後になりますが、テリー髙橋さん、佐野仁美さん、現代書林の松島様、ミディアムシップの活動を通して巡り合った皆様、家族、友人、霊界の愛とサポートに心より感謝申し上げます。

愛《あい》する人《ひと》の死《し》は永遠《えいえん》の別《わか》れではない

2024年12月27日　初版第1刷

著　者――――――テリー髙橋《たかはし》・佐《さ》野《の》仁《ひと》美《み》・安斎《あんざい》妃《ひ》美《み》香《か》

発行者――――――松島一樹
発行所――――――現代書林
〒162-0053　東京都新宿区原町3-61　桂ビル
TEL／代表　03(3205)8384
振替00140-7-42905
http://www.gendaishorin.co.jp/

デザイン――――――田村　梓（ten-bin）
イラスト――――――大塚砂織
図版――――――松尾容巳子

印刷・製本　㈱シナノパブリッシングプレス
乱丁・落丁本はお取り替えいたします。
定価はカバーに
表示してあります。

ISBN978-4-7745-2032-2　C0011

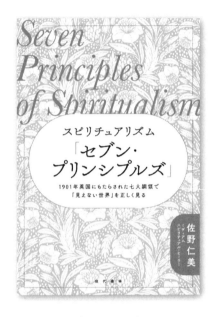